August Pradetto

Zentralasien und die Weltmächte, oder: *Great Game Boys* auf Reisen

PETER LANG
Internationaler Verlag der Wissenschaften

Bibliografische Information der Deutschen Nationalbibliothek
Die Deutsche Nationalbibliothek verzeichnet diese Publikation in der Deutschen Nationalbibliografie; detaillierte bibliografische Daten sind im Internet über http://dnb.d-nb.de abrufbar.

Gedruckt auf alterungsbeständigem,
säurefreiem Papier.

ISSN 1612-975X
ISBN 978-3-631-62201-8

www.peterlang.de

Inhaltsverzeichnis

Verzeichnis der Grafiken, Tabellen und Karten

Grafiken

Tabellen

Karten

Abkürzungsverzeichnis

ACCELS	American Council for Cooperation in Education and Language Studies
CACO	Central Asian Cooperation Organization
CAREC	Central Asia Regional Economic Cooperation
CES	Common Economic Space
CICA	Conference on Interaction and Confidence-Building Measures in Asia
CIS	Commonwealth of Independent States
CNPC	China National Petroleum Corporation
CSTO	Collective Security Treaty Organization
DAAD	Deutscher Akademischer Austauschdienst
ECO	Organisation für wirtschaftliche Zusammenarbeit
EU 27	Die 27 Mitgliedstaaten der Europäischen Union
EurAsEC	Eurasische Wirtschaftsgemeinschaft
GTZ	Gesellschaft für Technische Zusammenarbeit
GUS	Gemeinschaft Unabhängiger Staaten
GUUAM	Anfangsbuchstaben der Mitgliedstaaten Georgien, Ukraine, Usbekistan, Aserbaidschan und Moldawien
IREX	International Research and Exchange Board
ISAF	International Security Assistance Force
IWF	Internationaler Währungsfonds
KAZ	Kasachstan
KIR	Kirgisistan
KP	Kommunistische Partei
KPdSU	Kommunistische Partei der Sowjetunion
KSZE	Konferenz über Sicherheit und Zusammenarbeit in Europa
NAFTA	Nordamerikanisches Freihandelsabkommen
NATO	North Atlantic Treaty Organisation
OECD	Organisation für wirtschaftliche Zusammenarbeit und Entwicklung
OSZE	Organisation für Sicherheit und Zusammenarbeit in Europa
OVKS (engl. CSTO)	Organisation des Vertrags über Kollektive Sicherheit
PKA	Partnerschafts- und Kooperationsabkommen
RGW	Rat für gegenseitige Wirtschaftshilfe
SFK	Soros Foundation Kazakhstan
SOZ (engl. SCO)	Shanghaier Organisation für Zusammenarbeit
SSR	Sozialistische Sowjetrepublik

TACIS	Technical Assistance to the Commonwealth of Independent States
TAJ	Tajikistan
TUR	Turkmenistan
UAE	United Arab Emirates (Vereinigte Arabische Emirate)
UdSSR	Union der Sozialistischen Sowjetrepubliken
UNDP	United Nations Development Programme (Entwicklungsprogramm der Vereinten Nationen)
UNESCO	United Nations Educational, Scientific and Cultural Organization (Organisation der Vereinten Nationen für Erziehung, Wissenschaft und Kultur)
UNICEF	United Nations International Children's Emergency Fund (Kinderhilfswerk der Vereinten Nationen)
UZB	Usbekistan
VN	Vereinte Nationen
WTO	World Trade Organization, Welthandelsorganisation
ZA	Zentralasien
ZK	Zentralkomitee

1. Einführung: Die These vom *Great Game* um Zentralasien[1]

Seit dem Zusammenbruch der Sowjetunion ist Zentralasien wieder zu einer Region gesteigerten Interesses geworden. Zuvor waren sowohl in der Politik als auch in der Politikwissenschaft die zentralasiatischen Republiken der UdSSR meist hinter der Beschäftigung mit der Sowjetunion als Ganzes und der dominanten Politik Moskaus zurückgetreten. Nur wenige SpezialistInnen hatten sich eingehender mit dieser Region auseinander gesetzt, die schon unter den Zaren eine Sonderstellung im russischen Reich eingenommen hatte. Politisch, wirtschaftlich wie kulturell war das russisch beherrschte Zentralasien etwas völlig Anderes gewesen als das europäische Kerngebiet des Russischen Reiches.

Die Unterschiedlichkeit wurde nach der russischen Revolution bzw. nach der Gründung der UdSSR einzuebnen versucht. Die Ambitionen der bolschewistischen Führung, aus der gesamten Sowjetunion einen modernen Industriestaat zu machen, bezogen die zentralasiatischen Republiken in politische, ökonomische und kulturelle Umwälzungen ein, die für diese Gebiete besonders dramatisch waren. Tribale, patriarchalische, religiös-archaische und über weite Strecken nomadische Strukturen und Lebensverhältnisse wurden aufgebrochen und durch massive Politisierungs-, Bürokratisierungs-, Alphabetisierungs-, Kollektivierungs- und Industrialisierungskampagnen wenn nicht völlig ersetzt, so doch schwerwiegend unterminiert und überformt. Diese Veränderung prägte die Entwicklung der zentralasiatischen Länder sieben Jahrzehnte lang und bedingte neue Strukturen und kulturelle Muster, die sich vor allem von den östlichen und südlichen Nachbarländern unterschieden.

Anzumerken ist freilich, dass der Begriff „Zentralasien“ immer schon – und er ist es auch heute – irreführend war insofern, als er eine Spezifik suggeriert, die eine ganze Reihe von inneren und äußeren Determinanten der Entwicklung in der bezeichneten Region vernachlässigt. Zentralasien war nie eine klar abgrenzbare Region – wobei dieser Sachverhalt natürlich auch auf viele andere Regionen zutrifft, die eine spezifische Bezeichnung tragen. Was Zentralasien ist und wer dazuzählt, ist nach wie vor umstritten. Während die UNESCO neben der Mongolei auch die südkaukasischen Länder Georgien, Armenien und Aserbaidschan zu Zentralasien zählt, sind andere Unterorganisationen der Vereinten Nationen nicht dieser Auffassung. Das *United Nations Regional Centre for Pre-*

---

1 Zu Dank verpflichtet bin ich Michel Mittasch, Anna Wolkenhauer, Anne Widder und Henrike Rudolph, die an den Recherchen für diese Studie beteiligt waren. Wertvolle Hinweise haben Rudolf Mark und Timur Dadabaev beigesteuert.

ventive Diplomacy for Central Asia (UNRCCA) zählt "Kazakhstan, Kyrgyzstan, Tajikistan, Turkmenistan and Uzbekistan" zu seinem Zuständigkeitsbereich (vgl. UNRCCA o.J.). Auch das *United Nations Office on Drugs and Crime* (UNODC) meint diese fünf Staaten, wenn es von Zentralasien spricht (UNODC 2011). Andere zählen Iran, Afghanistan, nördliche Teile Pakistans sowie die westlichste Provinz Chinas, Xinjiang, zu Zentralasien. Wenn in der vorliegenden Arbeit die spezifische sowjetische Entwicklung zum abgrenzenden Merkmal der Begriffsbestimmung angeführt wird, dann folgt dies aus einer noch zu erläuternden politikwissenschaftlichen Fragestellung. Eine weitere Eingrenzung ergibt sich aus einer politisch-geografischen Sicht, die die drei ehemaligen südkaukasischen Sowjetrepubliken Georgien, Armenien und Aserbaidschan als zu Europa gehörig betrachtet. Darüber hinaus wird im weiteren Verlauf der Ausführungen deutlich, dass gerade unter dem Aspekt des Verhältnisses von intraregionalen und internationalen Beziehungen und Abhängigkeiten sich die beiden Regionen westlich und östlich der Kaspischen See gravierend unterscheiden. Wenn in der vorliegenden Studie von Zentralasien die Rede ist, sind also die ehemaligen zentralasiatischen Sowjetrepubliken Kasachstan, Usbekistan, Tadschikistan, Kirgisistan und Turkmenistan gemeint.

Historiografisch ist Zentralasien ein vergleichsweise junger und nicht sehr intensiv bearbeiteter Forschungsgegenstand, zumal in Deutschland. Unter Offizieren der britischen Armee und den Angehörigen des Indian Civil Service war schon in den 30er und 40er Jahren des 19. Jahrhunderts die Verwendung des Begriffs *Great Game* verbreitet. Für Historiker, Politiker und Publizisten in England war das *Great Game* um Zentralasien ein „Dauerthema“ (vgl. Mark 2011: 60f.). In Deutschland wurde zwar auch schon im Jahre 1845 die *Deutsche Morgenländische Gesellschaft* gegründet; sie zählt zu den ältesten wissenschaftlichen Fachvereinigungen Deutschlands. 1844 finden sich die ersten Einträge zur Thematik im Katalog der Staatsbibliothek, wobei bis zum Ersten Weltkrieg Reiseberichte und geografische sowie geologische Abhandlungen die überwiegende Mehrheit darstellen (z.B. Humboldt 1844). Deutsche Historiker zeigten vor dem Ersten Weltkrieg kaum ein Interesse an der Region (vgl. Sidikov 2003). Die deutsche Orientalistik war primär philologisch-literaturwissenschaftlich ausgerichtet und wurde außerdem erst gegen Ende des 19. Jahrhunderts ein eigenständiges Universitätsfach. Sie pflegte darüber hinaus ein eher unpolitisches Selbstverständnis (vgl. Mark 2011: 63)[2]. So beruhten zwischen 1871 und 1914 die meisten Reiseberichte, Länderstudien, politischen Analysen, Vorträge und Be-

2 Bei Rudolf Mark findet sich eine ausführliche Darlegung der deutschsprachigen Publizistik über Zentralasien, an der sich der nachfolgende Passus – sofern nicht anders vermerkt – orientiert.

richte auf eigenen Beobachtungen und Eindrücken, Informationen und Anschauungen, die die AutorInnen als ForscherInnen, auf Dienstreisen, als Soldaten oder TouristInnen gewannen (ebd.: 64).

Während also in Frankreich und England spätestens an der Wende zum 19. Jahrhundert in der Beschäftigung mit dem Orient vor allem praktisch-politische Überlegungen zum Zuge kamen, spielten solche Motive in Deutschland kaum eine Rolle. Denn abgesehen von Österreich unterhielten die deutschen Staaten weder ähnlich dauerhaft politische Verbindungen in den Orient, noch hegten sie vergleichbare kolonialpolitische Ambitionen (vgl. Mangold 2004: 45). Mit der zweiten Orientreise Kaiser Wilhelms II im Jahre 1898 wurde allerdings deutlich, dass auch Berlin eine aktive Orientpolitik zu verfolgen begann. Damit stiegen auch das Interesse und die Aufmerksamkeit der Öffentlichkeit für die Region. Die Folge waren vermehrte und kontinuierlichere Zeitungsmeldungen, Agenturberichte, wissenschaftliche Analysen sowie Reise- und Augenzeugenberichte.

Im Zuge der „Geopolitisierung" deutscher Außenpolitik veränderte sich indes nicht nur die Berichterstattung über Zentralasien, sondern auch die Wahrnehmung der Region. Diesen Perzeptionswandel resümiert Mark dergestalt, dass das Vordringen Russlands nach Zentralasien „als historisch notwendig sowie als geographisch, handels- und machtpolitisch legitimiert betrachtet und gerechtfertigt" und Russland als Kulturträgernation betrachtet wurde, „die im Kampf gegen die ‚asiatische Barbarei' eine zivilisatorische Mission erfüllte, um den asiatischen Kontinent für Europa und dessen vielfältige Interessen im Osten zu erschließen" (ebd.: 86f.). Die darin zum Ausdruck kommende zivilisatorische Vision ging einher mit der Einstellung, dass der Kampf der Großmächte um Einflussgebiete normal sei, wobei auf deutscher Seite die Sympathien eindeutig bei Sankt Petersburg lagen. Die britische Kolonialpolitik wurde „als rücksichtslos und kulturell ignorant bzw. indolent qualifiziert" (ebd.: 87). Dagegen galt Russland als Erneuerer und Modernisierer in Zentralasien. Dies wurde umso höher bewertet, als die Politik St. Petersburgs nach Auffassung deutscher Autoren nicht mit einer Missionierung einherging, sondern den Islam respektierte. Zu Beginn des 20. Jahrhunderts waren die deutschen Publizisten nachgerade „begeistert von der zivilisatorischen Leistung des Zarenreichs" (ebd.: 111), dessen diesbezügliche Politik „als Vorbild für das koloniale Ausgreifen des Deutschen Reiches empfohlen" wurde (ebd.: 123)[3]. Die positive Wertung der russischen

3 Vor allem Carl Heinrich Becker, der ab 1908 den neu eingerichteten Lehrstuhl für die „Geschichte und Kultur des Orients" am Deutschen Kolonialinstitut in Hamburg inne hatte, wird mit dem verstärkten Interesse an sozialen, politischen und wirtschaftlichen

Expansion lag nicht zuletzt an geopolitischen Prämissen. Das British Empire wurde unter systemischen Gesichtspunkten wie auch außenpolitisch als für die deutschen Interessen gefährlich und diesen abträglich erachtet, während das reaktionäre Russland und seine außenpolitische Bollwerkfunktion in Asien gegen das Empire positiv konnotiert waren. In Bezug auf das Ringen zwischen Russland und Großbritannien um die Vorherrschaft in Zentralasien wurde der Begriff *Great Game*[4] verwendet.

Die Bezeichnung *The Great Game* wird in der Regel dem 1835 bis 1840 in Mittelasien eingesetzten britischen Geheimdienstoffizier Arthur Conolly zugeschrieben, der nach einem abenteuerlichen Leben am 17. Juni 1842 in Buchara hingerichtet wurde. Bezeichnet wird damit die historische Auseinandersetzung zwischen Russland und Großbritannien um die Kontrolle Zentralasiens. Die Politik St Petersburgs war schon im 18. Jahrhundert darauf gerichtet gewesen, bis zum indischen Ozean vorzudringen, um über einen immer eisfreien Meerzugang zu verfügen. Das British Empire versuchte demgegenüber, diese Expansionspläne zu verhindern. Datiert wird das historische *Great Game* auf eine Zeitspanne von weit mehr als einem Jahrhundert – vom Rückzug Napoleons aus Russland 1813 bis zum Rückzug des British Empire aus Indien 1947. Bereits ab der Mitte des 18. Jahrhunderts waren große Gebiete in Zentralasien dem Russischen Reich einverleibt worden, die im 19. Jahrhundert noch erheblich erweitert und administrativ im „Generalgouvernement Steppe“ mit Hauptstadt Omsk und im „Generalgouvernement Turkestan“ mit der Hauptstadt Taschkent zusammengefasst waren. Das Ende der russischen Südexpansion kam 1887, als St. Petersburg und London sich über die afghanische Nordgrenze einigten. Damit war eine Demarkationslinie festgelegt, die die Einflusssphären voneinander abgrenzte. Das British Empire hatte bis zur Mitte des 19. Jahrhunderts die Kontrolle über das gesamte Territorium des Subkontinents erlangt, das heute Indien und Pakistan umfasst. Deutschland war ein imperialer Nachzügler. Erst ab den 1880er Jahren bemächtigte sich das Deutsche Kaiserreich einiger Kolonien vor allem in Afrika.

Mit den deutschen Ambitionen war es nach dem Ersten Weltkrieg vorerst sowohl politisch als auch wissenschaftlich vorbei[5]. Mit Zentralasien beschäftigte

---

Entwicklungen in der damaligen islamischen Welt in Verbindung gebracht (vgl. Loimeier 2001: 68).

4 Größere Verbreitung fand der Ausdruck durch Rudyard Kiplings Roman „Kim“ (“Now I shall go far and far into the North, playing the Great Game...”) (1901: 134).

5 „Das Ende der imperialen Pläne Deutschlands und Österreich-Ungarns erwies sich somit kontraproduktiv für die Bemühungen Carl Heinrich Beckers, eine ‚moderne‘, sozialwissenschaftliche und möglicherweise bereits auch ethnologische und politikwissenschaftliche Tradition innerhalb der deutschsprachigen Orientalistik zu entwickeln: Für

sich neben der Orientalistik nun auch die Sowjetunion- und Osteuropaforschung. Nach 1933 wurden die meisten deutschen Orientalisten aus ihren Hochschulpositionen entlassen, in die Emigration gezwungen und zum Teil auch durch das Nazi-Regime ermordet (vgl. ebd.: 73f.). Mit dem Ausgreifen des nationalsozialistischen Deutschland und dann vor allem mit dem Krieg gegen die Sowjetunion ab 1941 bekam die Zentralasienforschung wieder eine geopolitische und darüber hinaus unmittelbare militärische Relevanz. Der politische Auftrag und die vordergründige Motivation der Forscher lag darin, dass man sich von den Turkvölkern Zentralasiens Verbündete gegen die Sowjetmacht und die dortigen Ideologien erhoffte (vgl. Ellinger 2006: 333). In diesem Sinne lieferten von Mende, Benzing und Spuler in den 1940er Jahren die ersten ausführlichen politischen Studien mit dem Ziel, die Gemeinsamkeiten der verschiedenen Gruppen zu bestimmen, und Benzing proklamierte „eine möglichst alle sowjetischen Turkvölker verbindende Schriftsprache" (Ellinger 2006: 333).

Der Zusammenbruch der Nazi-Herrschaft in Deutschland bereitete allerdings auch dieser Entwicklung ein jähes Ende, und die deutschen Orientwissenschaften widmeten sich wieder vermehrt philologischen und historischen statt gesellschaftlichen und politischen Studien (Loimeier 2001: 74). Ab den 1960er Jahren entdeckten dann die deutsche Politik und die Wirtschaft die wachsende Bedeutung des Nahen Ostens unter dem Aspekt der Rohstoffreichtümer. Insbesondere nach dem Zusammenbruch der Sowjetunion gewann die gesamte Region unter geostrategischen und -ökonomischen Gesichtspunkten an Bedeutung und verhalf den hierauf bezogenen Wissenschaften zu mehr Relevanz (vgl. ebd.: 75). Das Interesse an Zentralasien wurde in der Politik wie in der Politikwissenschaft vor allem dadurch angeregt, dass sich die Frage nach der künftigen inneren Verfasstheit der ehemaligen Sowjetrepubliken und nach der außenpolitischen Orientierung der neuen unabhängigen Staaten stellte. Im Gefolge der demokratischen Revolutionen in Mittel- und Osteuropa und der schnellen Hinwendung vor allem der Staaten des westlichen Vorfelds sowie der baltischen Republiken der ehemaligen Sowjetunion in Richtung Demokratie und Marktwirtschaft wurde die Hoffnung gehegt, auch die anderen ehemaligen Sowjetrepubliken würden in diese neue große Welle historischer Demokratisierung einbezogen und damit zu den westlichen Systemen kompatibel sein. Die neuen Staaten wurden nicht nur eigenständige Mitglieder der Vereinten Nationen, sondern auch des Europarats, dessen Wertefundament das Bemühen um Menschenrechte, demokratische Grundsätze, rechtsstaatliche Prinzipien sowie „die Förderung des wirtschaftlichen und sozialen Fortschritts" darstellt, sowie der seit

---

eine solche Ausrichtung gab es schlicht und einfach keinen Bedarf mehr" (Loimeier 2001: 72).

1989/90 ebenfalls auf Demokratieförderung orientierten *Konferenz für Sicherheit und Zusammenarbeit in Europa* (KSZE) und ihrer stärker institutionalisierten und genau auf das genannte Ziel orientierten *Organisation für Sicherheit und Zusammenarbeit in Europa* (OSZE).

Mit dem Ziel der Demokratieförderung wurden auf unterschiedlichsten Ebenen in unterschiedlichsten Bereichen und von unterschiedlichsten AkteurInnen Kontakte mit den zentralasiatischen Ländern geknüpft, Kooperationen vereinbart und Beziehungen institutionalisiert – das fing an bei westlichen JuristInnen, die bei der Ausarbeitung demokratischer Verfassungen helfen sollten, und ging bis zu WahlbeobachterInnen, die die Einhaltung „europäischer Standards" zu überprüfen hatten. Auf allen Gebieten der Demokratisierung setzte aber bald Ernüchterung oder sogar Enttäuschung ein, weil sich „Verwerfungen" unterschiedlichster Art bemerkbar machten: Zwischen Verfassungstexten und Verfassungsrealität klafften sich immer mehr vergrößernde Lücken, Wahlen wurden in zunehmenden Ausmaß manipuliert, die „multikulturelle Vielfalt" wurde in einigen Ländern von Spannungen und Auseinandersetzungen zwischen unterschiedlichen ethnischen Gruppen unterminiert, autoritäre Tendenzen und die Reetablierung patriarchalischer Strukturen waren ebenso unübersehbar wie eine zunehmende Unterdrückung politischer Freiheiten, und bald waren alle zentralasiatischen Länder von einem Personenkult der jeweiligen Präsidenten gekennzeichnet, der z.T. Stalinsche Ausmaße erreichte.

Die Mittel und Ressourcen, die westlicherseits für die Demokratieförderung eingesetzt wurden, standen freilich in einem Zusammenhang mit nicht nur wertebezogenen, sondern auch strategischen und wirtschaftlichen Interessen der Geber. Und in diesem Zusammenhang wurde auch wieder die außenpolitische Orientierung der betreffenden Staaten bzw. die Strategien und Politiken anderer Länder – vor allem der Großmächte – gegenüber Zentralasien zum Gegenstand des Interesses der Forschung. Eine wesentliche Determinante hierfür bestand und besteht in dem Sachverhalt, dass die Länder am Kaspischen Meer mit Öl und Gas gesegnet sind und westliche Firmen gleich nach dem Zerfall des sowjetischen Monopols versuchten, Einfluss zu nehmen und neue Betätigungsfelder zu erschließen. Eine zusätzliche, sicherheitspolitische Dringlichkeit erhielt die Beschäftigung mit Zentralasien nach den Terroranschlägen vom 11. September 2001 in den USA und der Intervention in Afghanistan. Das damit verbundene Interesse kann in drei Stichworten benannt werden: Islamismus, internationaler Terrorismus, Stützpunkte für den Krieg in Afghanistan.

Im Zuge der beschriebenen postkommunistischen und postbipolaren Entwicklung wurde im Forschungsbereich Internationale Beziehungen die These prominent, dass sich in Zentralasien wieder ein *Great Game* zu entwickeln beginne bzw. bereits entfaltet habe. Damit wurde explizit auf das 19. Jahrhundert rekurriert, als – wie schon beschrieben – Russland und das British Empire um Einfluss in der zentralasiatischen Region gekämpft und eine Reihe von militärischen Auseinandersetzungen stattgefunden hatten, die von ihnen entweder selbst geführt oder unterstützt worden waren. Die Neuerung bestand in einer teilweisen Neubesetzung der Rollen: Während Russland als Konstante bestehen blieb, hatten die USA Großbritannien in diesem Spiel ersetzt, und dazu kamen nun einige neue Spieler in allerdings nachrangigen Rollen: China und Europäische Union, die Türkei und Iran.

Der prominenteste Vertreter dieser Perspektive ist Zbigniew Brzezinski, einst Sicherheitsberater von Jimmy Carter und außenpolitischer Ratgeber diverser nachfolgender Präsidenten. Brzezinski argumentierte in seinem 1997 erschienenen Buch „Die einzige Weltmacht“, der Zerfall der Sowjetunion habe in Zentralasien ein geopolitisches Machtvakuum entstehen lassen. Er bezeichnete Afghanistan, die fünf postsowjetischen Republiken Kasachstan, Usbekistan, Tadschikistan, Turkmenistan und Kirgisistan, darüber hinaus Iran, den Kaukasus und den Osten der Türkei als „eurasischen Balkan“[6]. Dort träten ähnliche Sicherheitsprobleme zutage (ethnisierte Konflikte, Staatszerfall, Expansionsbestrebungen von Welt- und Großmächten) wie auf dem europäischen Balkan zu Beginn des 20. Jahrhunderts. Darüber hinaus stelle der „eurasische Balkan“ wegen seines Ressourcenreichtums den Schauplatz globaler Machtkämpfe dar, so wie der Kampf um die Vorherrschaft in Europa einst auf dem europäischen Balkan ausgefochten worden sei (Brzezinski 1997: 123-125). Die USA seien heute „die einzige Supermacht auf der Welt, und Eurasien ist der zentrale Schauplatz” (ebd.: 277). Eurasien sei das “Schachbrett, auf dem sich auch in Zukunft der Kampf um die globale Vorherrschaft abspielen wird” (ebd.: 16)[7]. Seine resümierende Empfehlung für die US-amerikanische Außenpolitik war, die Überlegenheit der Vereinigten Staaten über Russland und China zu wahren und mit diesem Ziel u.a. Zentralasien in den eigenen Einflussbereich zu ziehen.

Brzezinski steht mit dieser Strategie ganz in der Tradition des britischen Geografen und Theoretikers der Geopolitik Halford Mackinder, auf den er sich auch beruft[8]. Dieser hatte in seinem Aufsatz „The geographical pivot of history“

---

6 Zentralasien „im engeren Sinne“ besteht für Brzezinski aus den fünf ehemaligen Sowjetrepubliken plus Afghanistan und den drei südkaukasischen Republiken Aserbaidschan, Armenien und Georgien (Brzezinski 1997: 182).

7 Der englische Originaltitel des Werkes von Brzezinski lautet deshalb auch „The Grand Chessboard“.

8 „Einer der prominentesten geopolitischen Theoretiker, Harold Mackinder, leistete Anfang dieses Jahrhunderts Pionierarbeit, als er nacheinander die Begriffe eurasische Zentralregion (die ganz Sibirien und einen Großteil Zentralasiens umfasste) und ostmitteleuropäisches Herzland prägte und jede dieser Regionen als Sprungbrett zur Erlangung der

im Jahre 1904[9] die sogenannte *Heartland*-Theorie formuliert: Würde es gelingen, im Herzland des eurasischen Kontinents – also im europäischen Teil Russlands und in Westsibirien – die Infrastruktur so zu entwickeln, dass das Wirtschaftspotenzial entsprechend steige, könne dies die Überlegenheit des British Empire, die auf der Beherrschung der Weltmeere u.a. qua militärischer und Handelsstützpunkte beruhe, gefährden. Ein mächtiger Kontinentalstaat könne die Kontrolle über den gesamten eurasischen Kontinent und damit auch Afrika erlangen sowie die britischen Stützpunkte vom Land her erobern. Die Kontrolle dieser Ressourcen würde schließlich auch die Beherrschung anderer Teile der Welt ermöglichen. Laut Mackinder waren also die Kontrolle Eurasiens und dessen wirtschaftliche und politische Entwicklung der Schlüssel für die Machtverteilung in der Welt zu Zeiten der industriellen Revolution.

Das mit den USA verbundene Europa spielt für Brzezinski gerade mit Blick auf das von ihm so bezeichnete Eurasien eine wesentliche Rolle in dieser Auseinandersetzung. Europa sei Amerikas "unverzichtbarer geopolitischer Brückenkopf auf dem eurasischen Kontinent" (ebd.: 91). Europa verankere dort Amerikas Macht, und mit der Ausdehnung des europäischen Geltungsbereichs erweitere sich die direkte Einflusssphäre der USA. Die Erhaltung des "europäischen Brückenkopfes" sei für die Sicherheit Amerikas relevant, und zwar auch bezüglich einer *Take off*-Funktion für die Demokratie in Eurasien (ebd.: 110). Durch „eine glaubwürdigere transatlantische Partnerschaft“ müsse der Brückenkopf der USA auf dem eurasischen Kontinent so gefestigt werden, dass Europa ein „brauchbares Sprungbrett werden kann, von dem aus sich eine internationale Ordnung der Demokratie und Zusammenarbeit nach Eurasien hinein ausbreiten lässt" (ebd.: 129). Amerikas geostrategisches Ziel müsse darin bestehen, „ein größeres euroatlantisches System zu entwerfen, in welches sich dann Russland dauerhaft und sicher einbeziehen lässt" (ebd.: 130).

Russland werde bei wieder gewonnener Stärke zwar versuchen, den Druck auf die Nachbarn zu erhöhen. Doch bleibe ein angespanntes Verhältnis dieser Staaten gegenüber Moskau unausweichlich, weil diese nicht geneigt seien, ihre Unabhängigkeit, die von Staaten wie der Türkei, Iran, Pakistan, Saudi-Arabien unterstützt werde, gegen eine wirtschaftliche Integration mit Russland einzutauschen (ebd.: 139). Russlands Druck auf eine engere Zusammenarbeit führe nur dazu, dass sich diese Staaten weiter nach Westen orientierten (ebd.: 168). Auch

---

Herrschaft über den Kontinent bezeichnete. Zum Durchbruch verhalf er seiner Theorie mit dem berühmten Ausspruch: Wer über Osteuropa herrscht, beherrscht das Herzland: Wer über das Herzland herrscht, beherrscht die Weltinsel. Wer über die Weltinsel herrscht, beherrscht die Welt“ (Brzezinski 1997: 63).

9 Mackinder, Halford J. (1904): The geographical pivot of history, in: The Geographical Journal, 1904, 23, S. 421–37.

China widersetze sich der Entstehung eines neuen russischen Imperiums und brauche die neuen Staaten westlich seiner Grenzen als Pufferzone. Außerdem fürchte Peking eine Vorbildwirkung der Unabhängigwerdung dieser Staaten für seine westlichste Provinz Xinjiang und habe zudem Interesse an den Energievorkommen Zentralasiens. China habe ebenfalls erkannt, dass ein Bündnis mit Russland zu "anhaltender Isolation und gemeinsamer Rückständigkeit verurteilen" würde (ebd.: 170f.). Aus diesem geopolitischen Dilemma folge für Moskau als einzige Chance, sich Europa als Partner anzuschließen (ebd.: 173).

Das Interesse der USA bestehe in der Erhaltung eines „geopolitischen Pluralismus“ in der Region, im Zugang zu Ressourcen und im Eindämmen der russischen Dominanz (ebd.: 198ff.). Denn die USA seien „geographisch zu weit entfernt, um in diesem Teil Eurasiens eine beherrschende Rolle zu spielen, aber [...] zu mächtig, um unbeteiligt zuzusehen" (ebd.: 215). Das primäre Interesse sei also, keine Vorherrschaft einer einzelnen Macht zuzulassen und einen freien Zugang zur Region „für die Weltgemeinschaft“ zu gewährleisten. Denn: Eurasien ist, so Brzezinski, der größte Kontinent und beherbergt zwei der drei höchstentwickelten Regionen der Erde. Die Kontrolle hierüber zöge fast automatisch auch die Kontrolle über Afrika nach sich. Das Machtpotential Eurasiens stelle das der USA in den Schatten, aber der Kontinent sei zu groß, um eine politische Einheit zu bilden. Eurasien sei daher wie ein Schachbrett, auf dem sich mehrere Spieler tummelten. Dass die USA diesen Kampf führen und gewinnen müssen, steht für Brzezinski schon deswegen fest, weil die Welt ansonsten im Chaos versänke: „Ein Ende amerikanischer Vorherrschaft würde“ weltweite Anarchie bedeuten[10].

Die Literatur, in der die neorealistisch-geopolitische These vom neuen *Great Game* vertreten wird, also die Auffassung, dass es in Zentralasien in erster Linie um Machtpolitik und strategische Interessen wie Energieversorgung, Transportwege, Sicherheit und Einfluss gehe, argumentiert entlang einiger wiederkehrender Thesen. Die strategische Bedeutung der Region wird hervorgehoben. Zent-

---

10 Brzezinski weiß allerdings auch, dass die globale Weltmachtstellung der USA „von begrenzter Dauer“ ist (ebd.). Doch hätten sie die Fähigkeit, diese Auseinandersetzung für sich zu entscheiden. Denn nur die USA könnten eine Supermacht sein, und zwar aufgrund von vier Faktoren: weltweite Militärpräsenz, Lokomotive der Weltwirtschaft, technologischer Vorsprung, weltweite Beliebtheit der Kultur (S. 44). – Die Halbwertzeit der von Brzezinski entworfenen Prognose und Vision für das 21. Jahrhundert belief sich allerdings auf nicht einmal ein Jahrzehnt, dann war angesichts der Überdehnung in zwei Kriegen, der wirtschaftlichen Auszehrung im Zeichen der realen Strukturschwäche der USA und der internationalen Finanzkrise sowie eines weltweiten Verfalls des Vertrauens in die und der Sympathien mit den USA „der unipolare Moment“ (Charles Krauthammer) vorbei.

ralasien sei der zentrale oder zumindest ein eminent wichtiger Schauplatz internationaler Politik. Dies resultiere – in diesem Punkt sind die respektiven AutorInnen einig – aus den massiven Öl- und Gasvorkommen in der Region. Hingewiesen wird immer auch auf die geographische Lage und die Größe der Region – allein Kasachstan ist siebenmal so groß wie die Bundesrepublik Deutschland. Zweitens wird die Sicherheitslage in der Region genannt: Die Gefahr des Extremismus, des Terrorismus und der organisierten Kriminalität sei extrem hoch (vgl. Hickey/Guo (Hrsg.) 2010), und damit bestehe auch die Gefahr einer Ausstrahlung auf Nachbarländer bzw. nach Europa. Andererseits wird argumentiert, die Region sei deswegen so wichtig, weil sie eine Pufferzone zu besonders problematischen Regionen wie Afghanistan/Pakistan, Iran und anderen Teilen des Nahen Ostens darstelle. Dann wieder wird die Region in der Funktion einer Pufferzone zwischen dem Nahen Osten und Russland gesehen (vgl. Brzezinski 1997; Magen/Bagno-Moldavsky 2010), was sie so bedeutsam mache.

Eine weitere Variante neo-realistischer Betrachtung ist die These von der Bedeutung der Region als Faktor der Verschärfung des Kampfes zwischen den Groß- und Regionalmächten, weil mit dem Zerfall der Sowjetunion in dem gewaltigen Gebiet zwischen China und dem Kaspischen Meer sowie zwischen Sibirien und Afghanistan ein Machtvakuum entstanden sei, das die Weltmächte auf die Bühne rufe und in einen Kampf um diese Einflusszonen treten lasse (vgl. Klevemann 2002; auch Brzezinski 1997). Diese Auseinandersetzung werde umso heftiger ausgetragen, als der Charakter des *Great Game* ein Nullsummenspiel sei: Mehr Macht für die einen (USA, EU, China) werde durch Machtverlust der anderen (Russland) ermöglicht und bezahlt (vgl. Malek 2008; Shiryayev 2008; Jarosiewicz/Strachota 2009). In diesem Zusammenhang ist von einer Politik wechselseitigen Eindämmens und Zurückdrängens die Rede (vgl. Brzezinski 1997; Fu 2007; Shiryayev 2008).

Teilweise wird diese These in einen Zusammenhang mit der ebenfalls in den vergangenen 15 Jahren immer prominenter werdenden Auffassung über die Ausbreitung von "failed states" gebracht. Die Verschiebung eines Teils des afghanischen Drogenhandels von den Transitländern Iran und Pakistan nach Zentralasien berge die Gefahr, dass dort ähnlich wie in Afghanistan Gewaltökonomien entstehen. Bereits jetzt bildeten ethnische und religiöse Gegensätze, autoritäre Regime, starke Lokalherrscher und periphere Bergregionen, die militärisch kaum zu kontrollieren seien, nahezu modellhafte Voraussetzungen für Staatszerfall (Scholvin 2009: 2).

Wenn es um spezifische Interessen und Machtkonstellationen geht, dann klingt in vielen Texten an, dass sich in der Auseinandersetzung um Zentralasien zwei Blöcke abzeichneten oder zumindest vorübergehende Allianzen bildeten. So hätten etwa China und Russland das gemeinsame Interesse, die USA von

„ihrem“ Kontinent fern zu halten. Gleichzeitig konkurrierten diese beiden asiatischen Giganten an anderer Stelle um zentralasiatische Ressourcen. Institutionell gebündelt stünden sich also zumindest teilweise eher die NATO und die *Shanghaier Organisation für Zusammenarbeit* (SOZ) gegenüber als einzelne Nationalstaaten (zur „zweck-gebundenen“ Blockbildung vgl. Malek 2008; Shiryayev 2008; Fu 2010; Magen/Bagno-Moldavsky 2010; Khanna 2009; Hickey/Guo 2010; Pöllath 2007). Jen-kun Fu sieht allerdings die Großmächte USA, Russland und China als zentrale Akteure, denen es in Zentralasien in erster Linie um gegenseitiges Eindämmen sowie die Vergrößerung des eigenen Einflussbereiches und einen Zugriff auf die Rohstoffvorkommen der Region gehe[11]. Die westlicherseits betriebene Förderung demokratischer Institutionen in der Region sei dort allerdings als Versuch interpretiert worden, die bestehenden politischen Regime zu unterminieren, was eine Reduzierung des Einflusses des Westens zur Folge gehabt habe (Fu 2010: 21). Die Europäische Union wird in einigen Texten ohnehin anders bewertet als die übrigen Großmächte – wenn die EU überhaupt als Großmacht adressiert wird. Die EU zeichne sich dadurch aus, dass sie eine eher kooperative denn eine geopolitisch motivierte Politik betreibe (vgl. Schmitz/Halbach 2008).

In der hier vorliegenden Studie über die postbipolare Entwicklung der Beziehungen zwischen Zentralasien und den Großmächten wird deutlich, dass sich einige Phänomene, die in der oben vorgestellten Literatur beschrieben werden, sowohl in der Politik und im Verhalten von Großmächten gegenüber Zentralasien als auch in der innenpolitischen und gesellschaftlichen, Realität zentralasiatischer Länder verifizieren lassen. Im Ganzen jedoch ist – so wird nachgewiesen – sowohl die Wahrnehmung eines neuen *Great Game* der Großmächte um diese Region als auch die Perzeption eines um sich greifenden Staatsverfalls verfehlt. Allenfalls in peripheren Gebieten einzelner Länder Zentralasiens kann von einer afghanischen Entwicklung im Sinne von Staatszerfall die Rede sein, wobei Afghanistan selbst ein eher problematisches Beispiel darstellt. Erstens war das Land am Hindukusch nie in der Geschichte ein Staat im westlichen Sinne. Das galt sowohl für die internen Gegebenheiten als auch für die Sicht der in Zentral- und Südasien angrenzenden Regional- und Großmächte: Sie betrachteten das Gebiet vorrangig in seiner Funktion als Durchgangs- oder Pufferzone. Zweitens gab es unter den Taliban – auch wenn das politisch-religiöse System der „Gottesschüler“ als menschenverachtend und archaisch bewertet wird – eine weite Teile des Landes überwölbende Ordnungsmacht. Und drittens schließlich hat der „Staatszerfall“ im Sinne von gewalttätigen Auseinandersetzungen zwischen ver-

11 “The ‘New Great Game’ has three major players, namely, the United States, Russia, China, and more modest actors, such as India and Iran” (2010: 17).

feindeten Parteien und Akteuren bei Fehlen einer legitimen Staatsgewalt, die das Land kontrollieren würde – nimmt man das post-sowjetische und Post-Bürgerkriegs-Afghanistan in den 1990er Jahren als Ausgangspunkt – erst nach der Besetzung des Landes durch ausländische Streitkräfte im Gefolge der Anschläge von „9/11", für die das Taliban-Regime in Kabul mitverantwortlich gemacht wurde, sukzessive wieder eingesetzt.

Auseinandersetzungen der Großmächte um die Region gibt es nur begrenzt, und wo sie vorhanden sind, sind sie weniger in Zentralasien als vielmehr im Südkaukasus zu beobachten. Aber auch dort gilt dies nur sehr eingeschränkt und ist von einer Reihe sich verändernder Faktoren abhängig bzw. determiniert. Dass Georgien in die NATO aufgenommen werden sollte, war eine Idee, die mit dem Ende der Präsidentschaft von George W. Bush zumindest vorerst nicht mehr mit Nachdruck verfolgt wird. Dass Russland die Unabhängigkeitserklärungen der beiden abtrünnigen georgischen Provinzen Südossetien und Abchasien anerkannt hat und militärisch stützt, ist mehr Folge des provokativen Agierens des georgischen Präsidenten Saakashvili als imperialer Ambitionen Moskaus. Dass Saakashvili im Jahre 2008 einen Krieg begonnen hat, ist weniger auf eine Großmachtkonkurrenz zwischen den USA und Russland im Südkaukasus und mehr auf eklatante Fehlwahrnehmungen der georgischen Staatsführung sowohl in Bezug auf die Reaktion Moskaus als auch auf eine mögliche Unterstützung durch den Westen zurückzuführen. Am ehesten ist in der externen Dimension des Karabach-Konflikts eine Konkurrenz von Regionalmächten manifest. Moskau sichert die armenische Besetzung aserbaidschanischen Gebietes militärisch ab[12], während die Türkei Aserbaidschan politisch den Rücken stärkt. Aber auch hier sind endogene Determinanten ausschlaggebend, nämlich historische Belastungen (keine Bereitschaft von Seiten der Türkei, auf die armenische Forderung der Anerkennung des Genozids an Armeniern durch die Türkei während des Ersten Weltkrieges einzugehen) und intraregionale territoriale Konflikte (Streit um das hauptsächlich von Armeniern bewohnte, aber völkerrechtlich zu Aserbaidschan gehörige und seit 1992 von Streitkräften der Enklave bzw. armenischen Streitkräften besetzte Berg Karabach).

Die Begründung dafür, dass von einem *Great Game* um Zentralasien nicht die Rede sein kann, liegt – und dies ist die forschungsleitende Hypothese dieser

---

12 Seit 1995 sollen in den Städten Gjumri und Eriwan rund 3.500 russische Soldaten sowie 74 Panzer, 30 Flugzeuge und Raketenabwehrsysteme des Typs S-300 und S-200 stationiert sein (vgl. Der Standard, Aug. 2010: http://derstandard.at/1281829579780/Moskau-verlaengert-Militaerpraesenz. - Abruf am 16.3.2011). Die armenischen Streitkräfte sind „fast komplett" mit russischen Waffen ausgerüstet (vgl. Eurasisches Magazin, Sept. 2007: http://www.eurasischesmagazin.de/artikel/?artikelID=20070913. Abruf am 16.3. 2011).

Studie – vor allem in drei miteinander verbundenen Faktoren begründet. Erstens handelt es sich bei den Staaten in Zentralasien gerade nicht um „failed" oder „weak states", sondern um Autokratien, die ihre Interessen und Auffassungen von internationaler Zusammenarbeit autonom, eigenwillig und vielfach kooperationsunwillig verfolgen (können). Darin besteht gerade ein Unterschied zu den südkaukasischen Staaten, die allesamt nicht in der Lage sind, allein auf sich gestellt ihre territoriale Integrität oder den Status quo bestehender Grenzen aufrechtzuerhalten. Eben dies bewirkt die Möglichkeit externer Einflussnahme im Südkaukasus, wobei diese Einflussnahme von den jeweiligen Staatsführungen in Form politischer, wirtschaftlicher und nicht zuletzt militärischer Unterstützung als Hilfe für die Durchsetzung eigener Interessen explizit gesucht wird. Davon ist in Zentralasien kaum etwas bemerkbar. Zweitens vermeiden die Großmächte eher, in Probleme und Auseinandersetzungen in Zentralasien involviert zu werden, als dass sie sich offensiv einmischten bzw. versuchten, in diesen Ländern Fuß zu fassen. Teils liegt dies an der Erkenntnis, dass damit eine Überdehnung der eigenen Kräfte und ein Aufbürden von Verantwortung verbunden wären, die zu tragen man offenbar nicht bereit ist; teils ist offenkundig, dass sich westliche Länder mit größeren Problemen als mit einer russischen oder chinesischen Konkurrenz konfrontiert sehen und auf die Unterstützung durch zentralasiatische Regierungen angewiesen sind. Und schließlich besteht der dritte Faktor bzw. die dritte These darin, dass Zentralasien unter strategischen, regionalpolitischen sowie auch unter Gesichtspunkten der Energieversorgung und der Energiepolitik viel weniger bedeutsam ist, als dies in der neo-realistischen Literatur dargestellt wird, die die spektakuläre These von einem neuen *Great Game* vertritt.

Darüber hinaus finden sich in der Fachliteratur eine Reihe weiterer (zum Teil korrespondierender) Argumente, die die These vom *Great Game* in Zentralasien anzweifeln. So hält Rajan Menon den Begriff für die heutige Situation unpassend, weil sich die Bedingungen, die ihn einst geprägt hätten, von den aktuellen massiv unterschieden: Es gehe nach dem Ende des Kalten Krieges nicht um eine Rivalität zwischen Imperien oder um eine Eroberung von Land im klassischen Sinne; vielmehr hätten wir es heute mit einer größeren Vielfalt an Akteuren zu tun als zu Zeiten Rudyard Kiplings[13]. Sokov weist darauf hin, dass sich, selbst wenn die internen wie externen Akteure in der Region aufgrund psychologischer, ideologischer und innenpolitischer Gründe die Vorstellung eines *Great Game* kontinuierlich reproduzierten, die Realität anders darstelle (Sokov

13 „The cast of characters in the current Central Asian drama is more colourfully variegated than in Kipling's day. […] Moreover, the nineteenth-century competition between Britain and Russia was settled by a combination of conquest and negotiated spheres of influence. No such arrangement is possible in Central Asia today" (Menon 2007:8 f).

2005: 224ff.). Mihalka (2007: 22) führt an, dass die Interessen externer Mächte in Zentralasien hinsichtlich Zielsetzung wie Zeithorizont sehr unterschiedlich seien. Die USA hätten in diesem Sinne ein nur sekundäres Interesse im Rahmen des prioritären Kampfes gegen den Terror und hinsichtlich ihrer Energieversorgung. Russland wolle seine regionale Machtposition ausbauen. China sei mehr an ökonomischer Integration gelegen. Die EU schließlich habe bisher noch gar keine kohärente Politik gegenüber der Region entwickelt, obwohl diese eine beträchtliche Quelle von Energie wie von illegalen Drogen darstelle. Insbesondere das Verhalten der EU spreche gegen reine Machtpolitik, betont auch Sadyrbek (2009: 142). Brüssel bemühe sich, seine Zentralasienpolitik in Absprache mit anderen externen Mächten und partnerschaftlich mit den betroffenen zentralasiatischen Ländern zu definieren und zu verfolgen, genau weil es eine möglicherweise aufkommende Konkurrenz zu vermeiden trachte. Yu wiederum sieht die *Shanghaier Organisation für Zusammenarbeit* nicht als Gegenblock zu den USA, sondern als Organisation mit eigenen sicherheitspolitischen Zielen, die denen der USA keineswegs unähnlich seien, nämlich der Bekämpfung des gewalttätigen Extremismus. Der Anti-Amerikanismus der SOZ sei nicht so stark oder real wie in den Vereinigten Staaten wahrgenommen. Die Gründung der Organisation habe weniger mit den USA als mit tiefen Besorgnissen bezüglich der Entwicklung in den früheren sowjetischen Republiken zu tun (Bin 2006).

Auch die Konkurrenz zwischen Russland und China in Zentralasien wird angezweifelt. Zwar beobachte Russland das ökonomische Vordringen Chinas in die traditionell von Russland dominierte Sphäre misstrauisch. Doch sei die SOZ, die neben Russland und China die vier zentralasiatischen Länder Kasachstan, Kirgisistan, Tadschikistan und Usbekistan umfasst[14], gleichzeitig als eine Plattform der Zusammenarbeit und der Kompromissfindung zwischen China und Russland zu verstehen. Die SOZ diene Moskau und Peking als Schnittstelle, um divergierende Interessen auszuhandeln und ihre Politiken gegenüber Zentralasien zu koordinieren.

Ebenso sei das Verhältnis zwischen China und den USA in Bezug auf Zentralasien „weit von einem Endspiel entfernt" (Bin 2006). Wipperfürth (2010: 2f.) sieht auch die Beziehungen zwischen Russland und dem Westen in Zentralasien zunehmend von Kooperation geprägt, und zwar vor allem deshalb, weil beide Seiten ähnliche Interessen in der Region verfolgten. Wenn überhaupt, dann bestehe noch eher eine Konkurrenz zwischen Russland und China. Jedoch sei auch zwischen diesen Akteuren keine große Konfrontation zu erwarten. In diesem

14 Einen Überblick über die Mitglieder sowie die „Beobachterstaaten" der SOZ in Form von Indikatoren wie Bruttoinlandsprodukt, Militärausgaben u.a. gibt Tab. 27 im Anhang auf S.142.

Sinne meint auch Linn (2007: 6f.), dass die kurzfristigen Interessen der Akteure zwar divergieren mögen – z.B. die Frage der Kontrolle von Pipelines oder der Verbreitung demokratischer Normen –, sich aber die langfristigen Ziele der involvierten Mächte, eine sichere und stabile Region aufzubauen, stark ähnelten. Deshalb sei an der Sinnhaftigkeit und damit auch am tatsächlichen „Ausbruch" eines neuen *Great Game* zu zweifeln. Die sino-russische Rivaliät sei nach 300 Jahren, die von Konflikt und gegenseitigem Misstrauen geprägt gewesen seien, einer wechselseitig fruchtbaren Kooperation gewichen.

Eine ganze Reihe von AutorInnen vertreten die Auffassung, dass die zentralasiatischen Akteure ihre eigenen Entscheidungen träfen, also nicht bloß als Marionetten der Großmächte zu verstehen seien (vgl. Sokov 2005, Matveeva 2007, Bahr 2009, Wipperfürth 2010). Auch Anna Matveeva konstatiert, die zentralasiatischen Regierungen ließen sich nicht instrumentalisieren; eher verhalte es sich umgekehrt[15]. In diesem Sinne kann Bahr aktuell auch kein Machtvakuum in der Region erkennen, weshalb der Handlungsspielraum der Großmächte bzw. deren Einfluss eingeschränkt sei (vgl. Bahr 2009: 61)[16].

Die Vorgehensweise der hier in ihren Ergebnissen dargestellten Untersuchung ist demgemäß folgende. In einem ersten Schritt werden die Beziehungen der globalen Akteure Russland, China, USA und Europäische Union zu Zentralasien bzw. zu den zentralasiatischen Ländern untersucht. Dabei werden vor allem die jeweiligen Außenpolitiken in den Bereichen Sicherheit/Ordnungspolitik sowie Wirtschaft in Augenschein genommen, um die je spezifischen Perzeptionen und Interessen und das je spezifische Verhältnis der genannten Akteure zu den zentralasiatischen Ländern zu determinieren. Die Forschungsfrage lautet also, wie sich die Beziehungen der fünf zentralasiatischen Staaten zu den Großmächten Russland, China, USA und EU in den Bereichen Sicherheits- und Ordnungspolitik sowie Ökonomie seit dem Zerfall der UdSSR entwickelt haben und wie sie sich charakterisieren lassen. Die zweite Gruppe externer Akteure, die zwar diverse politische, wirtschaftliche und kulturelle Interessen und historische Verbindungen in Zentralasien aufweisen, aber weder längerfristige Strategien entwickelt haben noch in einem größeren Umfang Mittel für deren eventuelle Durchsetzung einsetzen (Iran, die Türkei, Pakistan, Indien, Saudi-Arabien u.a.),

15 „Doch vor allem wäre es falsch anzunehmen, dass die zentralasiatischen Führer bloße Bauern im Schach der Großmächte wären. Sie haben selbst die Figuren in der Hand, können andere manipulieren oder gegeneinander ausspielen, wenn es um Energieabkommen, Stationierungsrechte oder politische Privilegien geht" (2007: 292).

16 In diesem Sinne auch Sokov (2005: 226): "Although the situation in Central Asia certainly contains some elements of a great game, the picture is considerably more complicated, primarily because governments in the region do, indeed, make their own choices."

werden mit Blick auf die zentrale Fragestellung der Studie höchstens am Rande gestreift.

Dabei wird hier davon ausgegangen, dass sicherheits- und ordnungspolitische (d. h. auf die politisch-gesellschaftlichen Systeme Zentralasiens gerichtete) Interessen eng verzahnt und voneinander abhängig sind und in dieser Dependenz auch von allen beteiligten Akteuren so wahrgenommen werden. Die zweite Limitierung auf Wirtschafts- und Außenhandelsbeziehungen folgt der Annahme, dass unter den Vorzeichen ökonomischer Zwänge und der Priorisierung jeweils nationaler/regionaler Wirtschaftsentwicklungen im Diskurs der Akteure USA, EU, Russland und China – insbesondere vor dem Hintergrund zunehmender ökonomischer Belastungen im Westen seit 2003 und dann noch verschärft durch die internationale Finanzkrise ab 2009 – die reale (und nicht so sehr auf theoretischen und strategischen Erwartungen beruhende) quantitative Bedeutung der Wirtschaftsbeziehungen ein ausschlaggebender Faktor ist, wenn es um außenpolitische Entscheidungsprozesse in Bezug auf Zentralasien bzw. die Bewertung der Qualität der Beziehungen geht.

Danach versucht die Studie die Frage zu beantworten, wie die Beziehungen der zentralasiatischen Staaten untereinander ausgestaltet sind. Die Ergebnisse in diesem Teil der Studie stützen die These von der autonom-abgrenzenden Außenpolitik der zentralasiatischen Staatsführungen zusätzlich: Die regionale Kooperation hat seit den 1990er Jahren nicht etwa zu-, sondern abgenommen. In einem dritten Schritt werden die Ursachen für diesen Sachverhalt ergründet, indem die gesellschaftlichen und politischen Systeme dieser Länder und somit einige wesentliche endogene Determinanten außenpolitischer Entscheidungsfindung und außenpolitischen Verhaltens näher beleuchtet werden. Und schließlich wird ein Fazit gezogen, das auch die Frage aufwirft, worin die Gründe für die Fehlperzeption in jenem Teil der Literatur liegen, der in Zentralasien ein neues *Great Game* zu erkennen glaubt.

Um die Überblick über die Region und die betreffenden Staaten zu erleichtern, stehen zu Beginn des Anhangs eine politische Karte Zentralasiens und kurze Zusammenstellungen wesentlicher Daten und Fakten über die fünf zentralasiatischen Länder Kasachstan, Kirgisistan, Tadschikistan, Turkmenistan und Usbekistan (Karte 3 und Tabelle 20).

2. Russland und Zentralasien

Unter der Sowjetherrschaft hatten alle zentralasiatischen Republiken der UdSSR, besonders Kasachstan, einen erheblichen Wirtschaftsaufschwung und einen kulturellen Schub u.a. durch den Bau von Eisenbahngleisen und die Ansiedlung von Industriebetrieben, die Entwicklung von Infrastruktur und den Ausbau des Bildungswesens erfahren. Diese politische und wirtschaftliche Unterstützung fiel nach der Unabhängigwerdung der zentralasiatischen Republiken ab dem Jahre 1992 weg. Russland hatte es in Zentralasien nunmehr mit eigenständigen, unabhängigen Ländern zu tun, mit denen neue Formen von Beziehungen gefunden und aufgebaut werden mussten und müssen. Neben sicherheitspolitischen und wirtschaftlichen Interessen, die Moskau in der Region verfolgt, stellt einen spezifischen mentalen Faktor die Perzeption dar, die früheren zentralasiatischen Sowjetrepubliken müssten aus den genannten Gründen Moskau bzw. der früheren Sowjetunion dankbar sein. Seit dem Wegfall der sowjetischen Ideologie hat sich diese Betrachtungsweise quasi historisch verlängert, nämlich in die Zeit des Zarismus, in der aus russischer Sicht die „Zivilisierung" Zentralasiens begonnen hat.

Dennoch war nach der Auflösung der Sowjetunion, die nicht zuletzt vom russischen Präsidenten Boris Jelzin forciert worden war, der damit im Herbst und Frühwinter 1991 die Flucht nach vorne angetreten hatte, die Politik Moskaus vorrangig auf sich selbst bezogen. Zwar gab es Widerstände, Gegenstimmen und nationalistische Ansprüche diverser Kräfte, die sich mit der „Weggabe" des westlichen wie des zentralasiatischen Vorfelds nicht abfinden wollten. Die antikoloniale Entscheidung der neuen russischen Führung, verbunden mit der Abschaffung des kommunistischen Systems, und die damit verbundenen neuen Realitäten bewirkten aber eine eindeutige Konzentration auf den Neuanfang in Russland selbst. Außerdem waren diejenigen, die diese Entscheidung getroffen hatten, erleichtert, einen Ballast abgeworfen zu haben, der schon in der Vergangenheit erhebliche Ressourcen gebunden hatte – über die man jetzt auch gar nicht mehr verfügte – und der beim Versuch, die vormaligen Verhältnisse aufrecht zu erhalten oder zu restaurieren, nur neue Konflikte und Probleme mit sich zu bringen versprach, die man bei all den internen Schwierigkeiten, die die Kreation eines „neuen Russlands" bargen, nicht auch noch haben wollte.

So fanden die Entwicklungen in Zentralasien für einige Jahre in Moskau wenig Beachtung. Verstärkt wurde diese Tendenz durch eine komplette Reorientierung der russischen Außenpolitik in Richtung Westen. Von der Kooperation mit den fortgeschrittensten Ländern in Europa und Nordamerika versprach sich die russische Führung nicht nur eine neue internationale Positionierung und eine

Partnerschaft bei der Gestaltung einer post-bipolaren neuen Weltordnung, sondern ebenso einen Schub bei der Modernisierung des Landes. Dass sich die neue Führung bei diesem Bemühen möglichst wenig von anderen außenpolitischen Querelen beeinträchtigen lassen wollte, zeigt ihre distanzierte Haltung beim sich praktisch mit der Unabhängigwerdung Tadschikistans dort eskalierenden Bürgerkriegs: Moskau nahm eine Vermittlerrolle eher unwillig ein. Die „Nationalisierung" Russlands durch Abgrenzung und Abstoßung führte schon kurze Zeit nach der mit der Auflösung der Sowjetunion zeitgleich beschlossenen Einrichtung der *Gemeinschaft Unabhängiger Staaten* (GUS) zur einseitigen Entscheidung über eine Visumspflicht und die Einführung von Zöllen gegenüber den zentralasiatischen Staaten. 1993 wurde dann mit der Währungsreform und der Einführung eines neuen russischen Rubels Zentralasien aus der bis dahin bestehenden Rubel-Zone exkludiert.

Mitte der 1990er Jahre klang allerdings die „Westeuphorie" in Moskau deutlich ab. Was sich aufgrund der teilweise naiv und überstürzt durchgeführten marktwirtschaftlichen Reformen entwickelt hatte, waren weniger „blühende Landschaften", sondern mehr ein „Raubtierkapitalismus" und eine so krasse soziale Ungleichentwicklung, dass die politische Unzufriedenheit immer neue Siedepunkte erreichte. Außenpolitisch war die Enttäuschung nicht geringer. Bei der Gestaltung der neuen Weltordnung setzte der Westen die Maßstäbe. Der nach dem Prager Gipfel der NATO im Jahre 1994 de facto eingeleitete Erweiterungsprozess in Richtung ehemaliger Warschauer-Pakt-Mitglieder zeigte überdeutlich, wer das Sagen hatte und wer sich fügen musste. Mit dem Amtsantritt von Jewgenij Primakow 1996 als Außenminister[17] – er ersetzte Andrej Kosyrew, der nun als zu NATO-freundlich diskreditiert war – setzte auch eine partielle Reorientierung gegenüber den GUS-Staaten ein. Nunmehr sollte eine „realistische" Westpolitik in politischer wie ökonomischer Hinsicht durch eine verstärkte Integration der doch aufgrund ihrer historischen Verflechtungen nach wie vor miteinander verbundenen ehemaligen Sowjetrepubliken ergänzt werden. Diese Bemühungen waren aber, wie noch weiter unten zu zeigen sein wird, weitgehend erfolglos (vgl. Feng 2007; Warkotsch 2006a).

Die Ausrichtung der russischen Außenpolitik in Richtung „Realpolitik" wurden mit dem Amtsantritt von Wladimir Putin als Ministerpräsident im Jahre 1999 und als Präsident im Jahre 2000 noch verstärkt[18]. Russland sollte sich, so das Credo der neuen Führung, auf die Wiedererlangung seiner eigenen Stärke, auf die Modernisierung und Festigung seiner wirtschaftlichen und staatlichen

17 Primakow übernahm schließlich im September 1998 das Amt des Ministerpräsidenten.

18 Bezeichnend seine Aussage: „An der Schwelle zum 21. Jahrhundert ist Russlands Aufgabe Russland selbst und nicht die Welt" (zitiert nach Trenin 2002: 13).

Strukturen konzentrieren und außenpolitische Belastungen so weit wie möglich vermeiden. Der Erfolg dieser Bemühungen sei die Voraussetzung, um wieder weltpolitisch und im globalen Rahmen die dem Land gebührende Rolle einnehmen zu können.

Im Vergleich zu den 1990er Jahren erscheint Russland mittlerweile tatsächlich erheblich konsolidierter. Dies und die sprudelnden Einnahmen aus Öl- und Gasexporten haben das Selbstbewusstsein und die Spielräume außenpolitischen Agierens wieder vergrößert – wobei beides durch die Finanz- und Wirtschaftskrise im Westen seit 2009 und die Probleme, die der Westen in Afghanistan, Irak und Nordafrika hat, noch verstärkt wurde. Dieses neue Selbstbewusstsein spiegelt sich auch in der Moskauer Politik gegenüber Zentralasien, das sich zusätzlich aus dem Sachverhalt speist, dass aus diesen Ländern wieder verstärkt russische Unterstützung und die Kooperation mit Moskau nachgesucht wird.

2.1 Russlands Sicherheits- und Ordnungspolitik gegenüber Zentralasien

Russland sieht sich, wie schon angedeutet, nicht nur aufgrund historischer Verbindungen, sondern auch aktueller Interessen mit Zentralasien verbunden. Gegenwärtig ist Zentralasien – neben dem Kaukasus – ein besonderer regionaler Schwerpunkt russischer Befürchtungen. Das *Außenpolitische Konzept der Russischen Föderation* vom 12. Juli 2008 nennt als zentrale Bedrohungen „internationalen Terrorismus, Drogenschmuggel, organisiertes Verbrechen, die Verbreitung von Massenvernichtungswaffen und die Mittel ihrer Weitergabe, regionale Konflikte, demographische Probleme, globale Armut, inklusive Energieknappheit, sowie illegale Migration und Klimawandel“ (Medwedew 2008)[19]. Eine Reihe dieser Gefahrenmomente sind aus Moskauer Perspektive mit der Lage in Zentralasien verbunden. Vor diesem Hintergrund will die russische Führung laut *Außenpolitischem Konzept* die „regionale und subregionale Integration“ vorantreiben. Die Kooperation mit den Mitgliedern der *Gemeinschaft Unabhängiger Staaten* (GUS) – jener anlässlich der Auflösung der Sowjetunion gegründeten Organisation, der alle ehemaligen Sowjetrepubliken mit Ausnahme der balti-

19 Auch die gemeinsame Sicherheitsorganisation OVKS, die weiter unten ausführlicher behandelt wird, bezeichnet „terrorism, drug trafficking, illegal migration“, sowie den „narco-terrorist threat emanating from Afghanistan“ als besonders bedrohlich für die Region (vgl. Collective Security Treaty Organisation 2008). Vgl. auch Laruelle 2008.

schen Staaten und Georgien angehören[20] – wird gerade mit Blick auf diese Bedrohungen als Priorität der Außenpolitik deklariert. Als Staaten besonderen russischen Integrationsinteresses werden in der genannten Doktrin Belarus und Kasachstan hervorgehoben, mit denen im Rahmen der *Eurasischen Wirtschaftsgemeinschaft* (EurAsEC)[21] eine Zollunion und ein „gemeinsamer Wirtschaftsraum" errichtet werden soll. Schon die Zusammensetzung dieser Organisation zeigt jedoch das mangelnde Durchsetzungsvermögen und die fehlende Attraktivität Moskaus: Von den neun westlichen Sowjetrepubliken gibt es nur von Seiten der im Umfeld isolierten Führung in Minsk Bereitschaft, mit Moskau im Rahmen der EurAsEc zu kooperieren, und von den fünf zentralasiatischen Republiken fehlen Turkmenistan und Usbekistan, das erst 2006 ein-, dann aber 2008 wieder aus der Gemeinschaft ausgetreten ist. Aber selbst unter den Mitgliedern ist eine nur sehr beschränkte Kooperation, geschweige Integration zu verzeichnen, wie noch weiter unten zu zeigen sein wird. Zwar ist wie für alle externen Akteure auch für Moskau Kasachstan der bei weitem wichtigste Bezugspunkt in Zentralasien – die Gründe werden gleich noch zu erörtern sein. Im Westen ist allerdings nach der Integration der drei baltischen Staaten in NATO und EU und seit der ukrainischen *Orangen Revolution* 2004 Belarus als einzige ehemalige Sowjetrepublik von Relevanz verblieben, die positiv eine Brücken- oder negativ eine Blockadefunktion zwischen der EU und Russland innehaben kann und deren Entwicklung von Moskau aus in einem größeren Maße beeinflussbar erscheint.

Als „Schlüsselinstrument" zur Wahrung von Stabilität und Sicherheit wird die im Jahre 2002 gegründete *Organisation des Vertrages für Kollektive Sicherheit* (OVKS[22]) genannt. Die Zusammensetzung ist ebenfalls nicht ermutigend und stellt sich ähnlich dar wie bei der EurAsEc. Im Westen der ehemaligen Sowjetunion beteiligt sich außer Belarus am Vertrag Kollektiver Sicherheit nur Armenien, das in der Auseinandersetzung mit Aserbaidschan über die Exklave Nagorny-Karabach von russischer Unterstützung abhängig ist. In Zentralasien fehlt Turkmenistan. Außerdem ist die Mitgliedschaft volatil. 1999 weigerte sich Taschkent, den VKS-Vertrag zu verlängern und trat erst 2006 der mittlerweile OVKS genannten Organisation wieder bei. Georgien und Aserbaidschan, die 1993 beigetreten waren, verließen die Organisation wieder.

Als gemeinsame Interessen der OVKS-Mitglieder werden vor allem die Bekämpfung von Terrorismus und Islamismus und hierüber die Wahrung politi-

---

20 Engl. CIS – Commonwealth of Independent States. Turkmenistan ist nur „beigeordnetes Mitglied".

21 Diese umfasst neben Russland und Belarus Kasachstan, Tadschikistan und Kirgisistan.

22 Engl.: Collective Security Treaty Organization – CSTO.

scher Stabilität benannt (vgl. Godehardt 2008: 49). Aber auch in dieser Organisation ist die Kooperation eher deklaratorisch als praktisch. Zwar gewann sie nach und nach an Statur. Bereits im Jahre 2001 war beschlossen worden, *Rapid Deployment Forces* aufzustellen[23], die seit Mitte 2006 von einem ständigen Hauptquartier aus (in Russland) geführt werden. Zudem betreibt die OVKS – unter russischer Führung – einen Luftwaffenstützpunkt in Kant in Kirgisistan, der von Moskau explizit in den Kontext des gemeinsamen Kampfes gegen den Terrorismus gestellt wurde (vgl. Kreml-Archiv 2003). Die Etablierung eines gemeinsamen Oberkommandos wurde allerdings (v.a. von Taschkent) abgelehnt. Immerhin wurde im Februar 2009 ein Abkommen unterzeichnet, in dem sich die Mitgliedsstaaten auf eine weitergehende „gemeinsame militärische Komponente" in Form einer *Collective Operational Reaction Force* verständigten, die in Russland stationiert wird (vgl. RIA Novosti 2009). Diese CORF soll 16.000 Mann umfassen, von denen Russland 8.000, Kasachstan 4.000 sowie Belarus, Armenien, Kirgistan und Tadschikistan jeweils 1.000 stellen sollen (Aris 2010: 3)[24].

Natürlich versucht die russische Führung diese multilateralen Organisationen zu nutzen, um ihren Interessen zusammen mit den eingebundenen zentralasiatischen Ländern Ausdruck zu verleihen[25]. Dies gelingt aber auch aufgrund des beschränkten institutionellen Profils dieser Organisationen – was wiederum Ausdruck nicht vorhandenen politischen Willens bei der Mehrzahl der beteiligten nationalen politischen Führungen ist – nur in schwachem Maße. Angesichts dieser Umstände versucht Moskau sich als Unterstützer der zentralasiatischen Staaten bei Versuchen zu präsentieren, Konflikte zu managen, und tritt als Streitschlichter in Erscheinung. Das *Außenpolitische Konzept* verspricht eine „kontinuierliche aktive Unterstützung bei der friedlichen Konfliktschlichtung in der GUS". Anders herum demonstrierten die Führungen der zentralasiatischen Länder allerdings gerade gegenüber Moskau, der einstigen Führungsmetropole, die bestimmt hatte, was wann wie in Zentralasien passierte, Emanzipation und Autonomie.

Vor diesem Hintergrund scheinen insbesondere Befürchtungen vor für Russland negativen Auswirkungen instabiler Verhältnisse in Zentralasien Moskau zu

---

23 "Each of the six member countries -- Russia, Armenia, Belarus, Kyrgyzstan, Tajikistan and Kazakhstan will be expected to contribute at least one battalion to the RDF" (Eurasianet.org 2001).

24 Dem üblichen Sprachgebrauch folgend, wird nachstehend der Begriff Rapid Reaction Force (RRF) synonym für die vorgenannte Rapid Deployment Force und die Collective Operational Reaction Force verwendet.

25 Zu den genannten Organisationen, die auf dem Gebiet der ehemaligen Sowjetunion entstanden sind, siehe die Karten Nr. 1-3 im Anhang.

einer kooperativen und teilweise konzilianten Haltung gegenüber seinen ehemaligen Republiken in Asien zu bewegen. Realistischerweise wird dies als der gangbare Weg gesehen, um eigene Interessen in Zentralasien durchzusetzen und die dortigen Führungen nicht auf die Seite anderer Mächte zu treiben[26]. Die zentralasiatischen Staaten profitieren dabei auch von den in den vergangenen Jahren zumindest in Teilbereichen verschlechterten Beziehungen Russlands zum Westen. Diese Divergenzen vergrößern ihren Verhandlungsspielraum.

In diese Moskauer Strategie fügt sich aufgrund der Wahrnehmung, dass Islamismus, Terrorismusgefahr und organisiertes Verbrechen das prioritäre externe Gefährdungspotenzial darstellten, auch die Unterstützung für die usbekische Regierung bei und nach der Niederschlagung der Aufstände in Andijan im Mai 2005. Für Putin stellte die extremistische Entwicklung im Fergana-Tal eine Parallele zur Entwicklung in Afghanistan dar, der rechtzeitig habe Einhalt geboten werden müssen[27]. Darüber hinaus werden diese Länder wegen der ökonomischen Eigeninteressen und der volatilen politischen Loyalitäten ihrer Führungen als gegenüber möglichen Konkurrenten auf der internationalen Bühne, die nach Ansicht Moskaus Russlands Einfluss zurückdrängen wollen, anfällig erachtet. Die genannten Planungen für gemeinsame militärische Einsatzkräfte im Rahmen der OVKS sollen sicher auch solchen Tendenzen entgegenwirken[28].

Primär geht es aber um eine regional gebündelte Bekämpfung grenzüberschreitender Bedrohungen[29]. Bereits 2008 waren der Aufgabenbereich und die

---

26 Godehardt beschreibt diesen Sachverhalt so: Herausragendes Interesse Russlands sei es, seinen Einfluss in der Region zu sichern; gute Nachbarschaftsbeziehungen funktionierten solange, wie Russland deren Bedingungen nicht unilateral festzulegen versuche; Kooperationsbündnisse seien aus der Einsicht Russlands entstanden, Zentralasien nicht alleine kontrollieren zu können; die Kooperation soll auch ein Gegengewicht zu westlichem Einfluss darstellen (vgl. Godehardt 2008: 4).

27 Putin auf einer Pressekonferenz am 31.1.2006: „You probably know what the Fergana valley is and you know how difficult the situation is there, the population's situation and their level of economic well-being. We do not need a second Afghanistan in Central Asia and we shall proceed very carefully. We do not need revolutions there, we need an evolution which will lead to establishing those values you spoke about [...]“ (Kreml-Archiv 2006).

28 Von Muzalevsky wird die RRF als Ausdruck einer neuen russischen Außenpolitik gesehen, die auf Stabilität in Zentralasien ausgerichtet sei, der NATO Einhalt gebieten wolle sowie die Mitgliedstaaten der OVKS zu binden versuche (vgl. Muzalevsky 2009).

29 Auf einer Pressekonferenz am 16. Oktober 2009 führte der russische Präsident Medwedew aus: "[...] I would like to note what my colleagues have already pointed out, namely, that we proposed the idea of establishing this collective rapid reaction force last December at an informal summit here in Kazakhstan. [...] This is our response to the threats our countries face today: terrorism, which knows no borders, drug trafficking,

Tätigkeit der OVKS explizit in den Kontext globaler Bemühungen gestellt worden, den internationalen Terrorismus zu bekämpfen. Die Regionalorganisation war zum Faktor der Umsetzung entsprechender internationaler Anstrengungen in Zentralasien erklärt worden, wobei die Deklaration, den Vereinten Nationen die führende koordinierende Funktion zuordnen, wohl vor allem eine nach außen - nämlich nach Westen – gerichtete Funktion hatte: Die Betonung der „koordinierenden Rolle" der VN und des Sicherheitsrates versprachen die Legalität und Legitimität der Aktivitäten der OVKS auf diesem Gebiet zu signalisieren und gleichzeitig den Druck auf die NATO zu erhöhen, sich ebenfalls dieser institutionellen Tugend zu befleißigen[30]. Mehr institutionalisierende Einbindung gab es in der OVKS allerdings bis dato nicht. Die Führungen der zentralasiatischen Länder weigerten sich, weitergehende Verpflichtungen einzugehen und etwa die Einbeziehung unterschiedlicher nationaler Dienste und Kräfte in oder – schon erwähnt – ein gemeinsames Kommando für die *Rapid Reaction Force* zu akzeptieren[31]. Genau dies war von Moskau forciert worden. So aber verblieben die nationalen Bestandteile der RRF unter je nationaler Jurisdiktion und jeweils stationiert auf ihrem Heimatterritorium (vgl. Muzalevsky 2009).

Im Bereich der Sicherheits- und Militärkooperation besteht das Ziel Russlands also vor allem darin, gemeinsame Potenziale zu entwickeln und zu institutionalisieren, um den russischen Befürchtungen, die mit der zentralasiatischen Region verbunden werden, gerecht zu werden, sowie den westlichen Einfluss auf die Region auf jene Bereiche zu beschränken, die – wie etwa der Kampf gegen den Terrorismus, den Islamismus und den Drogentransfer – auch im russischen Interesse sind. In diesem Sinne wird die militärische Präsenz der USA seit 2001 und die Mitgliedschaft aller fünf zentralasiatischen Staaten in der *Partnership for Peace* der NATO (seit 1994) ambivalent gesehen (obwohl Russland

religious radicalism, and other threats we all confront today. [...] a new step in developing our collective rapid reaction force to respond to the threats coming from complicated regions in Central Asia and other places. [...]" (Kreml-Archiv 2009).

30 Aus der *Declaration of the Moscow session of the Collective Security Council of the Collective Security Treaty Organisation*: „Of particular importance is for the UN Global Counter-Terrorism Strategy to be implemented, the antiterrorist resolutions of the UN Security Council put into action, and a Comprehensive Convention on International Terrorism agreed as soon as possible. Noting the coordinating role of the UN in this area, the CSTO member states reaffirm their readiness to participate in international efforts to combat terrorism, illicit drug and arms trade, illegal migration and transnational organized crime" (Collective Security Treaty Organisation 2008).

31 'Uzbekistan cannot accept the provision whereby all special services, including emergency services, are to be part of the collective force', CSTO press secretary Vitaly Strugovets said" (RIA Novosti 2009a).

selbst Mitglied des *Partnership for Peace*-Programms ist), nämlich auch als Geltendmachung westlichen Einflusses, der sich negativ nicht nur auf die Beziehungen Moskaus zu den zentralasiatischen Staaten, sondern auch auf die Stabilität Russlands selbst – im Sinne einer Förderung „antirussischer" Kräfte an der südlichen und östlichen Peripherie des Landes - auswirke (vgl. Godehardt 2008: 3; Peyrouse 2007). Andererseits hat man kein Interesse daran, dass eine „Talibanisierung" der Region stattfindet, und unterstützt insoweit US-amerikanische und westliche Anstrengungen. Freilich mischt sich das Interesse an einem Erfolg der westlichen Allianz gegen Islamismus und Terrorismus – die ja auch die eigenen Kapazitäten, die dafür von Moskauer Seite aufgewendet werden, entlasten – mit einer gewissen Genugtuung über westliche Misserfolge und die sichtbare Schwächung des Westens durch den Afghanistankrieg. In diese Ambivalenz fällt auch die Kritik der russischen Führung an der „Ineffizienz" westlichen Vorgehens in Afghanistan, insbesondere was die Anstrengungen gegen die Produktion und die Distribution von Drogen betrifft[32].

Praktisch hat sich Moskau in Bezug auf den Kampf gegen den Terrorismus seit den Terroranschlägen auf New York und Washington 2001 auf eine enge Kooperation mit der NATO eingelassen, die – und hier vor allem die USA – als am ehesten in der Lage gesehen wird, diesem Problem gerecht zu werden[33]. Dies gilt insbesondere für Afghanistan, das in diesem Kontext als zentral erachtet wird, wo aber nach Moskauer Ansicht – aufgrund der Intervention 1979 und des Krieges in den 1980er Jahren sowie der Abneigung der afghanischen Eliten und der afghanischen Bevölkerung – ein eigenes militärisches Engagement ausgeschlossen wird. Das ist der Grund, warum Russland keine Truppen für ISAF in Afghanistan stellt, und ist gleichzeitig auch der Grund, warum Moskau Transitgüter für die ISAF durch Russland erlaubt und jene Kräfte in Zentralasien kritisiert, die dieser Politik nicht folgen wollen[34]. Das *Außenpolitische Konzept* stellt

---

32 „Der russische Präsident kritisierte die US-geführte NATO-Mission in Afghanistan Mitte 2005 öffentlich als ‚sehr ineffektiv'. Die Taliban blieben aktiv, und das Land habe sich mehr denn je zu einem Zentrum des Drogenanbaus und -handels entwickelt" (Wipperfürth 2008: 11).

33 The NATO-Russia Action Plan on Terrorism, signed on 9 December 2004 in Brussels: cooperation in the fight against a common enemy (Steinel 2008: 124). „Our aim is to enhance our capabilities to act, individually and jointly, in three critical areas: preventing terrorism, combating terrorist activities, and managing the consequences of terrorist acts" (NATO 2004).

34 RIA Novosti (2010a): „Nach jahrelangen Verhandlungen erlaubt Moskau der Nato die Benutzung russischen Territoriums zur Lieferung von Nachschubgütern." „Es gebe ein pragmatisches Herangehen an Fragen, wo die Interessen der Nato und Russlands gleich oder ähnlich seien, erklärte der Leiter der Europaabteilung im russischen Außenministe-

fest, dass die sich „vertiefende Krise in Afghanistan eine Gefährdung für die Sicherheit der südlichen Grenzen der GUS“ darstelle. Russland werde zusammen mit anderen betroffenen Ländern sowie den Vereinten Nationen, der OVKS, der SOZ und anderen multilateralen Organisationen „beständige Anstrengungen unternehmen, um den Export von Terrorismus und Drogen aus Afghanistan“ zu unterbinden und eine „gerechte und dauerhafte politische Lösung für die Probleme des Landes“ zu finden (Medwedew 2008). Die Ambivalenz gegenüber dem westlichen Engagement wurde indes nach kritischen westlichen Stellungnahmen zu den Ereignissen im kirgisischen Osch im Juni 2010[35] wieder deutlich, als der russische Präsident verlauten ließ, der US-Luftstützpunkt in Kirgisistan dürfe kein Dauerzustand werden[36].

Zusammenfassend kann also festgehalten werden, dass Russlands sicherheitspolitische Ziele in der Stabilisierung der Region, der Bekämpfung des Terrorismus, des Islamismus und des Drogentransfers, dem Erhalt bzw. Ausbau des eigenen Einflusses, der Nutzung und zugleich der Eindämmung des Engagements westlicher Staaten sowie der Schaffung eines Sicherheitsgürtels im Süden Russlands bestehen, idealerweise abgesichert durch vertragliche und institutionalisierte Vereinbarungen.

Um sicherheitspolitische und militärische Kooperation bemüht sich Moskau hauptsächlich mit Kasachstan, Tadschikistan und Usbekistan. In allen drei Ländern unterhält Russland militärische Stützpunkte, die nach Ansicht diverser westlicher AnalystInnen Russlands Ambitionen zeigen, ein zentralasiatisches Sicherheitsbündnis aufzubauen (vgl. Godehardt 2008: 4; Weitz 2006). Vielfach wird das multilaterale Bemühen Moskaus auch in den Kontext russischer Großmachtambitionen und globaler Interessenpolitik gestellt. Zentrale sich ergänzende Institutionen seien diesbezüglich OVKS und EurAsEC. Die multilateralen Anstrengungen seien nicht nur auf die Herausforderungen in der Region gerichtet, sondern „durch [Moskauer] Bestrebungen, einen Großmachtstatus in globalen Angelegenheiten zu erlangen“, und „die Russen“ sähen „eine Weltmachtstel-

---

rium, Sergej Riabkow. 'Afghanistan ist ein solches Gebiet'“ (Süddeutsche Zeitung 2008).

35 UN-Nothilfekoordinator John Holmes zeigte sich „schockiert über das Ausmaß der Gewalt und entsetzt über die Toten und Verletzten, die Brandstiftung, sexuelle Gewalt, das Plündern und die Zerstörung“, und Washington betonte die Wichtigkeit einer internationalen Untersuchung der Auseinandersetzungen (vgl. Tagesschau.de vom 19.06.2010).

36 „Coming less than a week after Russian President Dmitry Medvedev said he thought a US airbase in Kyrgyzstan that supplies fuel and troops for the war effort in Afghanistan should not become a permanent fixture, the move is likely to be seen as an aggressive counter thrust“ (Telegraph 2010).

lung […] in regionalen Angelegenheiten, die durch eine Führerschaft in multilateralen Organisationen manifestiert wird, dafür als Vorbedingung“ (Overland et al. 2010: 138f.)[37].

Tab. 1: Militärische Einrichtungen ausländischer Staaten in Zentralasien

	Herkunft der Truppen	**Truppenstärke (2007)**
Kirgisistan		
Manas Luftwaffenbasis und Transitzentrum	USA und andere Staaten der NATO-Mission für Afghanistan	1000 (+800-1000)
Kant Luftwaffenbasis	Russland	500
Tadschikistan		
201. Militärbasis (Duschanbe, Kuljab, Kurgantjube)	Russland	8.000
Nurek-Satelliten-Kontrollkomplex („Okno“)	Russland	k.A.
Militärischer Teil des Flughafens Duschanbe	Frankreich	150
Anti-Luftwaffenbasis	Indien	k.A.
Kasachstan		
Weltraumbahnhof Baikonur	Russland	k.A.
Saryschagan-Testgelände zur Raketenabwehr	Russland	k.A.
Usbekistan		
Termiz-Luftwaffenbasis	Deutschland	k.A.

Entnommen aus: Zentralasienanalysen Nr. 33, 24.09.2010, S.6

Den Stützpunkt Kant hat Moskau für 49 Jahre gepachtet, mit einer automatischen Option der Nutzung für weitere 25 Jahre, wenn der Vertrag nicht gekündigt wird. Er war 2003 eröffnet und explizit in den Kontext des gemeinsamen Kampfes gegen den Terrorismus gestellt worden[38]. Russland zahlt nach einer Vereinbarung im Jahre 2009 jährlich 4,5 Mio. US-$ Pacht, wie RIA Novosti meldete (Eurasianet.org 2009). Seit der Eröffnung wurde in Kant die Ausstat-

37 Rumer hebt ebenfalls hervor, die OVKS sei ein “instrument to promote and protect Russian interests in individual post-Soviet countries” (Rumer et al. 2007: 82).

38 „For Russia, the war on terrorism is not just empty words. It is now one year since the tragic events when terrorists took hostages in Moscow at the theatrical centre at Dubrovka. This is a serious wound which will take a long time to heal in our hearts, President Wladimir Putin said. The creation of air defence in Kyrgyzstan will help to effectively solve tasks before the Collective Security Treaty Organisation, and open up additional opportunities for adequate and efficient response to possible threats, and will become a restraining factor for terrorists and extremists of all kinds“ (Kreml-Archiv 2003).

tung mit Luftfahrzeugen laufend ausgeweitet. Im März 2009 waren über 700 Personen in Kant stationiert (vgl. Eurasia Daily Monitor 2009). Ein Wendepunkt hinsichtlich der Qualität der sicherheitspolitischen und militärischen Zusammenarbeit sollte der Gipfel in Moskau im Jahre 2009 werden, wo die schon erwähnte Aufstellung der *Collective Rapid Reaction Force* beschlossen wurde. Sie soll sowohl bei äußeren Angriffen auf eines der Mitglieder als auch bei internen Krisensituationen zur Verfügung stehen. Genau dies stieß jedoch bei einigen Mitgliedern auf wenig Gegenliebe. Der Präsident von Belarus, Alexander Lukaschenka, blieb nicht nur dem OVKS-Gipfel fern, sondern lehnte es auch ab, den turnusgemäß an Minsk fallenden Vorsitz in der Organisation zu übernehmen.

Praktisch trat die OVKS vor allem durch den Kampf gegen Drogenschmuggel hervor. 2003 wurde eine Operation "Kanal" ins Leben gerufen, bei der in den Folgejahren Dutzende Tonnen Rauschmittel beschlagnahmt und Tausende Strafverfahren eingeleitet wurden. Daran waren und sind allerdings auch die USA, China, Iran, europäische Länder und (seit 2007) Afghanistan beteiligt. Seit April 2006 arbeitet die Organisation mit dem *United Nations Office on Drugs and Crime* (UNDOC) beim Kampf gegen „drug trafficking, terrorism and transborder crime“ zusammen (vgl. United Nations Information Service 2006). Über die Operation „Kanal“ hinausgehend unterzeichneten die Vereinten Nationen und die OVKS 2010 eine Deklaration zur Zusammenarbeit, die sich vor allem auf Afghanistan bezog (vgl. Russland Aktuell 2010a).

Reales gemeinsames Engagement war und ist also in Afghanistan zu beobachten, und zwar insbesondere beim Kampf gegen den Heroin-Handel (RIA Novosti 2010c). Schon vorher hatte Russland der Regierung von Hamid Karzai nichtmilitärische Hilfe angeboten. Moskau stellte Geheimdienstinformationen bereit, schulte SpezialistInnen zur Drogenbekämpfung und verkaufte Waffen, Helikopter und Kommunikationsausrüstung an die afghanische Armee. Darüber hinaus gab es Hilfe, um die marode Infrastruktur des Landes wieder aufzubauen (Krickus 2010: 10).

Auf die politische und in der Folge humanitäre Katastrophe in Kirgisistan im Juni 2010 reagierte die OVKS allerdings kaum. Weder wurden die Massaker an den usbekischen Einwohnern gestoppt noch erklärte sich Russland bereit, die russischen Bewohner, die um Hilfe nachsuchten, in dem Land zu schützen[39]. Zwar kündigte der Generalsekretär der OVKS an, Spezialkräfte nach Kirgisistan entsenden zu wollen. Der russische Präsident Medwedew verwies jedoch dem

39 „In der Tat beschränkte sich Russland darauf, seine Truppen in Kirgistan zu verstärken. Zudem hat es weder versucht, das Massaker gegen die usbekischen Einwohner zu stoppen noch sich bereit erklärt, die russischen Einwohner zu schützen, die ebenfalls in Gefahr sind“ (RIA Novosti 2010b).

gegenüber darauf, dass Kirgisistan seine Probleme selber lösen müsse (Noows Nachrichten 2010). Russland schützte mit Fallschirmjägern zunächst vor allem seinen eigenen Militärstützpunkt. Die OVKS brachte bei ihrer Kirgisistan-Sondersitzung Mitte Juni „nur ein beschämend mageres Maßnahmenpäckchen zustande: ein paar Hubschrauber, Lastwagen und Treibstoff für die kirgisische Polizei, damit sie vor Fahrten in die Unruheviertel noch einmal volltanken kann" (Die Zeit 2010). Offiziell gemeldet wurde, die OVKS plane noch keine Entsendung von Truppen nach Kirgisistan, jedoch sollten Sicherheitsexperten und Waffen für die Regierung geliefert werden (Neues Deutschland 2010) [40]. Gerade vor dem Hintergrund der Ereignisse in Kirgisistan stellten die Teilnehmer auf einem informellen Gipfel in der armenischen Hauptstadt Erewan Ende August 2010 (vgl. RIA Novosti 2010a) fest, es müssten „wirksamere Gremien" mit „möglicherweise erweiterten Befugnissen" geschaffen werden, um die Organisation schlagkräftiger zu machen und den „Mechanismus der Reaktion der OVKS auf Krisensituationen zu verbessern" (Stimme Russlands 2010).

Russische Militärbasen in Zentralasien sind insoweit bekannt:

- Kasachstan: Radarfrühwarnsystem und Raketentestgelände bei Saryschagan;
- Kirgisistan: Militärische Basis in Kant im Rahmen der OVKS sowie eine russische Marineteststation am Issyk Kul-See;
- Tadschikistan: Stationierung der russischen 201. Motorisierten Schützendivision sowie ein Flugplatz in der Nähe der Hauptstadt Duschanbe[41].

2.2 Ökonomische Beziehungen zwischen Russland und Zentralasien

In den Wirtschaftsbeziehungen zwischen Zentralasien und Russland sind ähnliche Tendenzen zu beobachten wie im sicherheitspolitischen und politischen Bereich. Die zentralasiatischen Staaten verfolgen eine Politik verstärkter Beziehungen zum Westen und zu China, vorrangig mit Blick auf ihre Öl- und Gasvorkommen. Russland hingegen hat angesichts des Unabhängigkeitsstrebens in Zentralasien, der Unfähigkeit der russischen Wirtschaft, dort attraktive Industrien außerhalb der Energiebranche zu entwickeln und zunehmender internationaler Konkurrenz viele seiner ökonomischen Vorteile eingebüßt (vgl. Spechler

40 Außerdem verlautete, in Moskau würden Pläne über einen zweiten Stützpunkt in Kirgisistan wieder aufgenommen, entweder in Osch oder Jalalabad (Telegraph 2010).

41 In Bezug auf Tadschikistan nennt das Auswärtige Amt eine Zahl von etwa 5.000 dort stationierten Soldaten (Auswärtiges Amt 2010a).

2010: 4). Es mag sein, dass Russland sich bemüht, die weitgehende Kontrolle über die Energieressourcen – auch gegenüber anderen Großmächten wie den USA oder China – zu behalten. Russische Energieunternehmen wie Gazprom oder Lukoil (bis zum Konkurs 2006 auch Yukos) sichern sich durch die Kooperation mit den staatlichen Energieunternehmen in Kasachstan (KazMunayGas), Usbekistan (Uzbekneftegas) und Turkmenistan zusätzliche Gasressourcen (vgl. Godehardt 2008: 4f.; Guseynov 2004). Aber die Möglichkeiten russischer Druckausübung – unter dem Aspekt eines wahrgenommenen *Great Game* betrachtet – werden durch zwei weitere Faktoren eingeschränkt: Erstens agieren offenbar die russischen Energieunternehmen – auch die staatlichen – immer eindeutiger nach Kriterien der Profitmaximierung. Zweitens – und wichtiger – bieten sich den zentralasiatischen Staaten immer mehr Alternativen. Sie können in zunehmendem Maße selbstständig ihre Rohstoffe exportieren, und zwar auch an andere Partner als Russland, vornehmlich an China, aber auch an westliche Staaten. Logischerweise erhöht das den Verhandlungsspielraum und die Vetoposition der zentralasiatischen Führung und nicht die Stellung Moskaus ihnen gegenüber. Außer mit Kasachstan hat sich seit Mitte der 1990er Jahre der Austausch mit den zentralasiatischen ehemaligen Sowjetrepublik denn auch kaum weiterentwickelt.

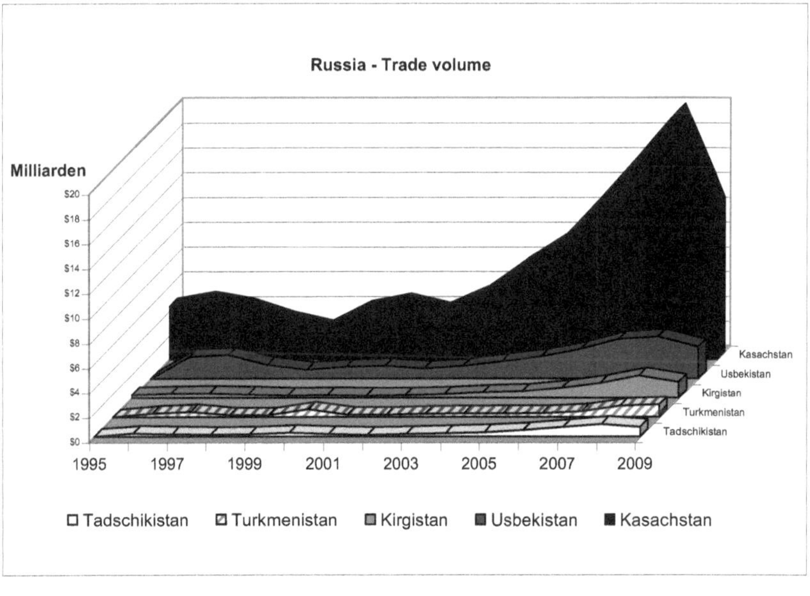

Grafik 1: Handelsvolumen Russlands mit Zentralasien 1995-2009 (in Milliarden US-Dollar). Quelle: United Nations Comtrade 2010

Als Importpartner steht Russland bei allen zentralasiatischen Ländern allerdings nach wie vor an herausgehobener Stelle, wenngleich sich vor allem seit der Jahrhundertwende die Gewichte zunehmend in Richtung China verschieben. Als Exportpartner ist Russland bereits nachrangig.

Tab. 2: Hauptexport- und Hauptimportpartner zentralasiatischer Länder 2008 und 2009 (in Prozent)[42]

	Haupt-Exportpartner 2009 (2008)	**Haupt-Importpartner 2009 (2008)**
KAZ	China 16,34 (13,5); France 9,23 (5,7)	Russia 28,5 (35,9); China 26,72 (24,3)
KIR	Switzerland 25,96 (27,2); Russia 25,88 (19,2)	China 57,03 (17,9); Russia 19,34 (36,6)
TAJ	Russia 19,6 (8,6); China 18,38 (5,7)	Russia 23,92 (32,3); China 23,74 (11,9)
TUR	Ukraine 22,3 (51,7); Turkey 10,27	China 18,3 (16,9); Turkey 16,49 (14,0)
UZB	Ukraine 29,91 (27,3); Russia 13,94 (16,9)	Russia 23,72 (24,7); China 20,36 (15,4)

Daten aus: CIA 2008

Zentralasien spielt auch in der Versorgung bzw. beim Import Russlands mit Öl und Treibstoffen eine völlig untergeordnete Rolle.

Wie aus der Tabelle 3 hervorgeht, spielt außer Kasachstan in Bezug auf den russischen Import von Öl und Treibstoffen kein zentralasiatisches Land eine Rolle. Aus Kasachstan wird etwas mehr als ein Drittel des gesamten Mineralölimports getätigt. Aber dies ist für Russland sowohl unter dem Aspekt des Binnenverbrauchs als auch unter dem des Exports solcher Güter in Drittländer von nachrangiger Bedeutung und auch für die Zukunft von begrenztem Interesse. Russland versorgt sich im Wesentlichen selbst mit Öl[43], und die Importe stammen vor allem aus Geschäften, die russische Energieunternehmen wie Gazprom und Lukoil durch Kooperationen mit staatlichen kasachischen Energieunternehmen wie KazMunayGaz tätigen. Russland hat 2010 Erdöl im Wert von etwa 125 Mrd. US-$ exportiert; der Wert des von Kasachstan nach Russland importierten Öls belief sich auf nicht mehr als eine Mrd. US-$ (vgl. International Trade Centre 2010).

42 Eine detaillierte Aufstellung ist im Abschnitt „Intraregionale Kooperation“ zu finden (Tabelle 14).

43 Erdöl-Eigenverbrauch 2005: 130 Mio. Tonnen. (Schwabecher 2008: 39). Binnenverbrauch von Erdgas (einschließlich Verluste und Eigenverbrauch der Gasindustrie): 2005: 445 Mrd. m3, 2010: 475 Mrd. m3. (Götz 2006: 8).

Tab. 3: Importe von Öl und Treibstoffen – Russland (die zehn wichtigsten Partner und Zentralasien) in Mrd. US-$

	2001	2002	2003	2004	2005	2006	2007	2008	2009
Total imports	41,87	46,18	57,35	75,57	98,71	137,81	199,73	267,05	160,72
Total mineral fuels etc.	0,98	1,00	1,29	1,41	1,61	1,83	2,53	4,08	2,38
KAZ	0,66	0,62	0,75	0,81	0,85	1,01	1,18	1,66	0,86
Ukraine	0,04	0,03	0,04	0,10	0,16	0,11	0,16	0,79	0,57
Finland	0,03	0,04	0,07	0,09	0,13	0,21	0,28	0,33	0,24
Germany	0,02	0,03	0,02	0,03	0,02	0,03	0,06	0,08	0,08
China	0,06	0,04	0,05	0,04	0,09	0,10	0,16	0,20	0,07
Belgium	0,00	0,01	0,02	0,02	0,03	0,03	0,04	0,06	0,06
USA	0,02	0,01	0,01	0,01	0,02	0,02	0,10	0,29	0,05
Republic of Korea	0,00	0,00	0,01	0,02	0,02	0,03	0,05	0,07	0,05
Nether-lands	0,00	0,00	0,00	0,01	0,01	0,02	0,02	0,04	0,03
United Kingdom	0,00	0,01	0,01	0,01	0,01	0,01	0,02	0,03	0,03
Japan	0,01	0,00	0,01	0,01	0,01	0,03	0,03	0,08	0,02
TUR	0,01	0,01	0,01	0,01	0,02	0,01	0,01	0,00	0,00
UZB	0,00	0,00	0,00	0,00	0,00	0,00	0,00	0,00	0,00
TAJ	0,00	0,00	0,00	0,00	0,00	0,00	0,00	0,00	0,00
KIR	0,00	0,00	0,01	0,02	0,01	0,00	0,00	0,00	0,00

Quelle: International Trade Centre 2010

Ähnliches gilt für die Bedeutung, die Zentralasien für den russischen Außenhandel insgesamt innehat. Der zentralasiatische Anteil belief sich in 2009 auf ganze vier Prozent, wovon noch vier Fünftel auf Kasachstan entfielen.

Tab. 4: Anteile Zentralasiens am Außenhandel Russlands 1996-2009 (in Prozent)

1996	1997	1998	1999	2000	2001	2002	2003	2004	2005	2006	2007	2008	2009
4,93	4,64	4,19	3,58	4,44	4,36	3,40	3,65	3,82	3,65	3,83	3,97	3,68	4,05

Quelle: United Nations Comtrade 2010

Tabelle 4 zeigt noch einen weiteren bezeichnenden Sachverhalt: Der russische Handeln mit Zentralasien ist anteilsmäßig seit Mitte der 1990er Jahre im 15-Jahre-Querschnitt sogar um etwa 20 Prozent geschrumpft. Dabei ist in der Statistik der gesamte Öl- und Gasim- und -export enthalten.

2.3 Zwischenfazit

Moskau ist ein Akteur, der sowohl wegen wirtschaftlicher als auch sicherheitspolitischer wie auch strategischer Interessen seinen Einfluss in Zentralasien abzusichern und auszubauen sucht. Daher bemüht sich Russland um gute bilaterale Verhältnisse sowie um die Nutzung multilateraler Strukturen in diesem Sinne. Allerdings sind die wirtschaftlichen, diplomatischen, politischen und militärischen Mittel, um dem gerecht zu werden, beschränkt. Insgesamt ist der russische Einfluss in Zentralasien – nicht zuletzt aufgrund der Autonomiebestrebungen und einer auf die eigenen Interessen gerichteten Innen- und Außenpolitik zentralasiatischer Eliten – seit dem Zusammenbruch der Sowjetunion immer mehr zurückgegangen. Die Russlandpolitik der herrschenden Eliten der zentralasiatischen Staaten ist zu einer Funktion eigener ökonomischer und politischer Interessen geworden.

Gleichzeitig ist aber Zentralasien für Russland von nur beschränkter Bedeutung. Moskau orientiert sich wirtschaftlich in einem hohen Maße nach Westen. Dies erscheint für die Modernisierung des Landes vorrangig; von dort kommen die innovativen Trends, das Knowhow und vor allem auch das nötige Kapital[44]. Nimmt man als Ausgangsbasis (mit statistisch einigermaßen verlässlichen Angaben) das Jahr 1996, dann hat die relative Bedeutung Zentralasiens als Handelspartner für Russland sogar abgenommen. Gerade einmal vier Prozent des russischen Außenhandels – wie übrigens um 1880 – werden mit Zentralasien abgewickelt, davon der weitaus überwiegende Teil mit Kasachstan. Zentralasien hat für Russland unter dem Aspekt beschriebener Bedrohungswahrnehmungen eine vor allem sicherheitspolitische Bedeutung.

Die darauf bezogene Außenpolitik Moskaus gegenüber Zentralasien erscheint aber auch eher defensiv. Dass Russland sich nicht an einem imaginierten *Great Game* in Zentralasien beteiligt, zeigte u.a. die Reaktion Moskaus auf die Unruhen in Kirgisistan im Jahre 2010. Dem Ansuchen der kirgisischen Führung, Truppen ins Land zu schicken, kam Russland weder mit nationalen Truppen noch mit OVKS-Kräften nach. Wipperfürth relativiert in diesem Zusammenhang sogar die zeitweise vorgebrachte russische Forderung an die kirgisische Führung, die US-Luftwaffenbasis Manas zu schließen. „Als die kirgisische Führung im Juni Russland einzugreifen bat, hätte es sich als Bedingung eine Schließung

44 Siehe die neue russische außenpolitische Doktrin Programme zur effektiven und systematischen Nutzung von außenpolitischen Faktoren zum Ziel der langfristigen Entwicklung der Russischen Föderation, die sich vor allem in Richtung Westen orientiert und die Beziehung zu USA, Visa-Regelungen mit der EU u.ä. in den Vordergrund stellt (Russland-Aktuell 2010b); außerdem Financial Times Deutschland 2010.

von Manas ausbedingen können. Dies ist jedoch nicht erfolgt“ (Wipperfürth 2010: 2). Vielmehr habe Kirgisistan Russland dafür instrumentalisiert, die USA zu höheren Pachtzahlungen zu zwingen. In Bezug auf die kirgisische Krise sei sogar eine enge Kooperation zwischen den USA und Russland zu beobachten gewesen: Washington habe Moskau nachgerade ermutigt, Truppen nach Kirgisistan zu entsenden (ebd.: 4)[45].

45 „Es scheint bereits ein gewisses Vertrauenskapital entstanden zu sein. Russland und die USA haben während der dramatischen Zuspitzung der Situation in Kirgistan im Juni engen Kontakt gehalten. Robert Blake, hochrangiger Vertreter des US-Außenministeriums für Süd- und Zentralasien, erklärte sogar Anfang September, dass Washington Russland dazu ermutigt habe, Truppen nach Kirgistan zu schicken“ (Wipperfürth 2010: 4).

3. China und Zentralasien

Auch für China hatten sich die Beziehungen zu Zentralasien erst mit der Auflösung der Sowjetunion fundamental verändert. Seit der Qing-Dynastie war Zentralasien ein Faktor der Auseinandersetzung zwischen dem Chinesischen und dem Russischen Reich gewesen. Die Expansionsbestrebungen beider Seiten bezogen sich auf Xinjiang, das nach langen Auseinandersetzungen im Jahre 1757 in das Qing-Reich eingegliedert, aber nie vollständig gegen die ansässigen islamischen Uiguren bzw. Khane befriedet werden konnte. 1864 entstand sogar ein unabhängiges islamisches Emirat im Tarimbecken auf dem Gebiet des heutigen Xinjiang, das 1877 wieder zerschlagen wurde. Etwa zur selben Zeit löste der russische Zar mit militärischer Gewalt auch das Khanat Kokand im Ferghanatal auf, das wie das Ili-Gebiet im Nordwesten des heutigen Xinjiang Russisch-Turkestan zugeschlagen wurde. Im Zuge der Schwächung des Zarenreiches und daraus folgender außenpolitischer Konzessionen und Abkommen wurde Xinjiang 1884 offiziell wieder Bestandteil Chinas. Definitiv war der Moskauer Einfluss auf das Gebiet erst mit der Gründung der VR China im Jahre 1949 beendet. Seit dem Bruch Maos mit Chruschtschow Anfang der 1960er Jahre waren die zentralasiatischen Republiken der Sowjetunion für China vor allem unter abgrenzenden sicherheitspolitisch-militärischen Aspekten von Relevanz.

Nach der Unabhängigwerdung der zentralasiatischen Länder versuchte China neben bilateralen Beziehungen ebenfalls in bemerkenswerter Weise multilaterale Mechanismen zu nutzen, um die Kooperation mit den zentralasiatischen Ländern zu gestalten und die eigenen Interessen einzubringen. Diesen Bemühungen sollte aus Pekinger Sicht vor allem das 1996 zusammen mit Russland, Kasachstan, Kirgisistan und Tadschikistan gegründete Kooperationsforum *Shanghai Five* dienen, das – institutionell gestärkt und um Usbekistan erweitert – im Jahre 2001 in die Shanghaier Organisation für Zusammenarbeit (SOZ) transformiert wurde.

3.1 Chinas Sicherheits- und Ordnungspolitik gegenüber Zentralasien

Die *Shanghai Five* hatte noch einer spezifisch binnenorientierten Interessenlage der beteiligten Länder entsprochen, nämlich den Dialog über sicherheitspolitische und militärische Spannungen in den Grenzregionen aufgrund ungeklärter bzw. umstrittener Grenzfragen zu vertiefen und qua Multilateralität zu einer Lösung beizutragen. Die betreffenden Staaten unterzeichneten einen *Vertrag über die Vertiefung des militärischen Vertrauens in Grenzregionen*, der 1997 durch einen *Vertrag über die Reduzierung der Streitkräfte in Grenzregionen* ergänzt wurde. Die Ziele, die dieses Dialogforum verfolgte, wurden positiv mit friedlicher Nachbarschaft, Schaffung von gegenseitigem Vertrauen, Bemühen um gemeinsamen Wohlstand, basierend auf den Prinzipien der Nicht-Einmischung in innere Angelegenheiten und der Souveränität der Staaten angegeben (vgl. Sun 2004). Der konkrete Maßnahmenkatalog der Vereinbarung von 1996 bezog sich vor allem auf militärische Dislozierungen und Aktivitäten in Grenzgebieten[46]. Ähnliches galt für das Abkommen von 1997, in dem darüber hinaus die Reduktion militärischen Personals in den Grenzregionen avisiert wurde[47].

Zentrales Motiv der Kooperation und der erweiterten Institutionalisierung 2001 waren dann aber weitergehend (reale oder auch nur perzipierte) innere und transnationale Instabilitäten der beteiligten Länder – inklusive Usbekistan –, die mit den Begriffen Extremismus, Terrorismus und Separatismus belegt (und von chinesischer Seite als die „Drei Großen Übel" charakterisiert) wurden: Instabilitäten, die durch zunehmenden religiösen Extremismus, islamistischen Terroris-

46 „[...] on 26 April 1996 China, Russia, Kazakhstan, Kyrgyzstan, and Tajikistan signed the Treaty on Deepening Military Trust in Border Regions, which contained the following provisions: Military forces deployed in border regions will not attack each other; No side will conduct military exercises that are targeted against each other; The scale, range and number of military exercises are to be limited; Each side will inform the other of important military activities scheduled to be conducted within 100 kilometres of the border; Each side will invite the other to observe military exercises that involve the use of live ammunition; Dangerous military activities are to be avoided; and Friendly communications between military forces and frontier guards in border regions should be promoted" (Zhao 2007: 139f.).

47 „[...] in 1997 the parties agreed to a reduction of military forces in the border regions: Military forces deployed in border regions were to be reduced to a level compatible with the good-neighbour relations and defensive in nature; No side would use, or threaten to use, force against the other or unilaterally seek military superiority; The military forces deployed in border regions would not attack the other side; All sides would reduce the number of military personnel including army, air force, air defense forces, and frontier guards, and also reduce the quantity of the main categories of weaponry deployed within 100 kilometres of the border; The upper limit after reduction, as well as the method and time limit for implementation, would be specified at a later date; The parties would exchange pertinent information on military forces in the border regions; and implementation of the treaty was to be supervised. The treaty also stipulates that the total number of army, air force, and air defense forces after reduction would be no more than 130.400 within 100 kilometres on each side of the border having a length in excess of 7.000 kilometres" (ebd.).

mus und separatistische Tendenzen erzeugt würden[48]. Der Kampf gegen den Terrorismus und „separatistische Tendenzen" in der chinesischen Autonomen Provinz Xinjiang (in der Terminologie der „Separatisten": "Ost-Turkestan") löste Grenzbelange als das wichtigste Sicherheitsthema ab. Nicht zuletzt vor dem Hintergrund der zentrifugalen Kräfte, die die Sowjetunion hatten implodieren lassen, der Verselbstständigung der zentralasiatischen Nachbarn im Westen Chinas, die in einigen Oppositionsgruppen wieder „ost-turkestanische" Aspirationen weckten (vgl. Zhao 2007: 142), und einiger terroristischer Aktivitäten, die offenkundig die Ablehnung chinesischer Oberhoheit als Motiv hatten, wurde „Ost-Turkestan" zum Reizwort in der chinesischen Innen- und Außenpolitik. Dazu kamen teilweise westlicherseits unterstützte Autonomiebestrebungen und Anti-Regierungsunruhen im südöstlich benachbarten Tibet, die schon 1989 zur Ausrufung des Ausnahmezustandes geführt hatten. 1990 kam es in Baren im Süden der Stadt Kashgar zu Unruhen. 1995 gab es gewaltsame Proteste in Kothan. Hunderte von Uiguren sollen dabei ums Leben gekommen sein (vgl. Heuer-Vogel 2000: 335). Heftige Auseinandersetzungen wurden im darauf folgenden Jahr in Ili verzeichnet. Im gleichen Jahr begann die Pekinger Regierung eine Kampagne zur Bekämpfung der Kriminalität, die auch gegen in der Sicht Pekings „politische Kriminelle" gerichtet war, nämlich gegen „separatistische" Autonomiebewegungen.

In Westchina kehrte auch nach dem Abklingen der neuen Welle des *Nationbuilding* in Eurasien, die vom Balkan bis zur chinesischen Grenze reichte – beginnend Ende der 1980er Jahre mit den baltischen Sowjetrepubliken und endend 1999 mit Kosovo – keine Ruhe ein. In Lhasa kam es u.a. im Jahre 2008 zu neuen heftigen und blutigen Protesten. Komplettiert wurde aus Pekinger Sicht die Bedrohungskulisse durch westliche Demokratisierungsbestrebungen im Post-

48 Zhao nennt sechs wesentliche Elemente chinesischer Interessen in Zentralasien: „(1) border security; (2) combating the ‚East Turkestan' movement; (3) energy; (4) economic interests; (5) geopolitics; and (6) the Shanghai Cooperation Organization (SCO)" (ebd.: 138). – Ähnlich die Beschreibung der Bedrohungen in der Rede des Stellvertretenden Generalstabschefs der Chinesischen Volksbefreiungsarmee, General Ma Xiaotian, beim Shangri-La Dialogue in Singapur im Juni 2010, freilich ohne den Begriff "Ost-Turkestan" zu verwenden: Die Sicherheitslage im Asien-Pazifik-Raum sei im allgemeinen stabil, Bedrohungen gingen vor allem von terroristischen, separatistischen und extremistischen Kräften aus sowie von nicht-traditionellen Sicherheitsproblemen wie Nahrungssicherung, transnationales organisiertes Verbrechen etc. Außerdem: "A cold-war mentality still exists, as is often shown by efforts to strengthen military alliances via new technologies, the threat to use force in international relations, and interference in other countries' internal affairs" (International Institute for Strategic Studies 2010). Einen kurzen Überblick über die Rolle der SCO in Chinas Antiterror-Strategie, bezogen auf Zentralasien, gibt auch Lanteigne 2011.

Taliban-Afghanistan (nach der westlichen Intervention im Jahre 2001), das über eine schmale Landbrücke direkt mit der Provinz Xinjiang verbunden ist. Xinjiang umfasst fast ein Sechstel des Territoriums Chinas und ist fast fünfmal so groß wie die Bundesrepublik Deutschland. Außerdem siedelt die uigurische Volksgruppe auch in den angrenzenden zentralasiatischen Staaten, was sich aus Pekinger Sicht als Hinterland für den uigurischen Separatismus und zugleich als besonderes Gefährdungspotenzial für die in der Staatsdoktrin an erster Stelle stehende "Einheit Chinas" ausnimmt. Etwa 185.000 Uiguren leben in Kasachstan, je 40.000 in Kirgisistan und Tadschikistan. In Xinjiang selbst hat sich zwar der Han-chinesische Bevölkerungsanteil durch die Pekinger Zuwanderungspolitik von 6 Prozent im Jahre 1953 auf mehr als 40 Prozent erhöht; der Anteil der autochthonen Uiguren beträgt aber trotzdem ebenfalls mehr als 40 Prozent, und zusammen mit anderen verwandten Turkvölkern bilden sie eine absolute muslimische Mehrheit in der Provinz.

Den Trend zur weltweiten Terrorismusbekämpfung nach „9/11" nutzte Peking, „Ost-Turkestan" ebenfalls auf die Anti-Terrorismus-Agenda zu setzen, indem eine Verbindung zwischen dem internationalen Terrorismus und dem uigurischen Separatismus hergestellt wurde. Zentralasien nahm in diesem Zusammenhang in der Darstellung der Problematik einen wichtigen Platz ein, nämlich als Rückzugsgebiet und Basis für extremistische Kräfte in Westchina. Die Pekinger Behörden erstellten eine Terrorismus-Liste, die diverse Organisationen sowie eine Zahl von Personen umfasste und in internationale Foren eingebracht wurde mit dem Ziel, im globalen Rahmen Unterstützung und vor allem Legitimität für den Kampf gegen „separatistisch-terroristische" Aktivitäten zu erhalten.

Im multilateralen Kontext der SOZ führte China 2002/2003 mit Kirgisistan, Kasachstan, Russland und Tadschikistan gemeinsame Übungen in Grenzregionen zur Terrorbekämpfung durch (vgl. Hickey/Guo 2010: 95). Im August 2007 nahm die chinesische Armee erstmals an großangelegten Manövern außerhalb ihrer Landesgrenzen teil, und zwar zusammen mit allen anderen Mitgliedern der SOZ, also Russland, Kasachstan, Kirgisistan, Tadschikistan und Usbekistan. Als Ziel des Manövers wurde wieder der Kampf gegen Terrorismus, Separatismus und Extremismus deklariert. Die Militärübungen fanden in Xinjiang und Russland statt.

Die Interessen Chinas an Zentralasien werden in der Literatur allerdings höchst widersprüchlich dargestellt, wobei korrespondierend mit Auffassungen über die Existenz eines *New Great Game* offenkundig neo-realistische Theorien über das internationale System und die internationale Politik die Schablone der Bewertung auch chinesischer Außenpolitik darstellen. Einmal wird Zentralasien als im Vergleich zu anderen Bezugspunkten nachrangiges „strategisches Hinterland“ gewertet, in dem vor allem Ruhe herrschen solle, um andere, wichtigere strategische Ziele verfolgen zu können. Das Hauptaugenmerk Pekings liege auf Taiwan, daher brauche man Stabilität an anderen Fronten, um seine Ressourcen für den Südosten zu sparen (vgl. Zhao 2007: 149). Dann wieder wird Zentralasien als in der globalen strategischen Auseinandersetzung höchst bedeutsam gewertet, weil die US-amerikanische militärische Präsenz seit „9/11“ als Bedrohung empfunden werde, was die Bedeutung Zentralasiens für China erhöhe (ebd.). Einmal wird gesagt, Zentralasien stelle keine Gefahr für China dar, dann wieder, dass die dortigen separatistischen und extremistischen Kräfte einen Fokus chinesischer Außenpolitik bildeten (ebd. 152f.). Einmal wird behauptet, das strategische Interesse Chinas an Zentralasien sei ein eher indirektes, dann wieder, dass Ölimporte ein wirklich hervorstechendes Interesse darstellten (ebd.). Einmal wird betont, Zentralasien werde für China strategisch bedeutsam, weil dies der Ort sei, an dem die Supermächte aufeinander träfen, die USA ihre Militärbasen aufrecht erhielten und Zentralasiens Bedeutung als „geografische Achse zwischen wichtigen asiatischen Ländern“ wachse (ebd. 155f.). Dann wieder wird die Zurückhaltung Pekings in Bezug auf Zentralasien mit der „introvertierten Diplomatie“ Chinas erklärt, die sich auf innenpolitische Angelegenheiten konzentriere, „nicht darauf, Einflusssphären zu etablieren“ (ebd.: 175)[49].

In offiziellen Bedrohungs- und Verteidigungsanalysen Pekings ist wenig über Zentralasien zu erfahren. Das *Weißbuch über Chinas Landesverteidigung 2008* (Information Office of the State Council of the People's Republic of China 2008) enthält als einzige explizite Referenz auf Zentralasien eine positive Erwähnung des vereinbarten nuklearwaffenfreien Status in der Region[50]. Betont wird, ungeachtet des Standes der Entwicklung des Landes werde China sowohl jetzt als auch zukünftig unter keinen Umständen eine Hegemonie anstreben oder militärische Expansion betreiben. Folgt man den respektiven Bedrohungsanalysen, dann fürchtet Peking wie Moskau die Ausbreitung des islamistischen Fundamentalismus und des Terrorismus mehr als die mögliche Verbreitung westlicher demokratischer Ideen in Zentralasien. Im Mittelpunkt steht, wie ausgeführt, die Sorge um Instabilität in der Uigurischen Autonomen Region Xinjiang.

49 Unter den vorgenannten theoretischen Vorgaben werden auch positiv zu bewertende Fakten vielfach nur als machtpolitisches Kalkül gewertet, wenn es um den potenziellen Feind geht. Kommentare über China (wie auch über Russland) unterliegen oft diesem Muster. Eines von vielen Beispiel sind Mutmaßungen über die Entwicklung des chinesischen Militärhaushalts: Dass China seine Militärausgaben in 2010 weniger als zuvor erhöhte, sei „womöglich“ dem Anliegen geschuldet, Bedenken über den schnellen militärischen und machtpolitischen Aufstiegs Chinas zu zerstreuen (vgl. FAZ 2010).

50 “China welcomes the Treaty on a Nuclear Weapon Free Zone in Central Asia signed by the five Central Asian countries” (ebd.: 51).

Der ethnische Separatismus, der sich in Xinjiang immer wieder in Anschlägen und anderen gewalttätigen Ereignissen niederschlägt, hat nach Pekinger Lesart Verbindungen über die chinesischen Grenzen nach Zentralasien und ist mit dortigen separatistischen Kräften und gewaltbereiten Gruppen liiert. Angeblich nehmen Mitglieder der uigurischen Minderheiten in diesen Ländern immer wieder an "anti-chinesischen" Aktivitäten teil. Allerdings wird auch vom US State Department die soziale Basis und die Unterstützung für ein unabhängiges Ost-Turkestan als eher schwach gewertet[51]. Diejenige Gruppierung, die dieses Ziel verfolgt – ETIM (Islamische Bewegung Ost-Turkestan) – wird auch von den USA und den Vereinten Nationen als terroristische Organisation eingestuft. Viele ExpertInnen sind der Auffassung, dass Peking die Gefahr, die von uigurischen Separatisten ausgeht, übertreibe und die behaupteten Verbindungen zu Al Qaida legitimatorischen Interessen geschuldet seien[52]. Die USA scheinen nach „9/11" im Interesse einer internationalen Front gegen den Terrorismus dem Drängen Pekings nachgegeben und auch bei der Listung durch die Vereinten Nationen eine wesentliche Rolle gespielt zu haben[53].

Jedenfalls formuliert Peking ein gemeinsames Interesse mit den betreffenden zentralasiatischen Staaten, derartige Tendenzen unter Kontrolle zu halten und wenn möglich zu eliminieren, und diese Politik wird von den politischen Eliten in Zentralasien unterstützt. Peking hat in zentralasiatischen Hauptstädten immer wieder darauf gedrängt, "terroristische Aktivitäten" von Uiguren zu unterbinden. Es gibt neben den multilateralen Vereinbarungen z.B. im Rahmen der SOZ auch bilaterale Abkommen über Grenzsicherheit, über gemeinsame antiter-

51 "The ETIM [East Turkestan Islamic Movement] is one of the more extreme groups founded by Uighurs, the Turkic-speaking ethnic majority in Xinjiang, seeking an independent state called East Turkestan. Most Uighurs, according to the U.S. State Department, do not support the movement to establish an independent East Turkestan" (Fletcher, Bajoria 2008)

52 […] many of the 'terrorist incidents' that China attributes to ETIM are actually 'spontaneous and rather disorganized' forms of civil unrest" (Bhattacharji 2008).

53 „Die USA mögen sich nach den Anschlägen vom 11. September wenig gedacht haben, als sie auf Drängen Chinas die kleine, schon damals wenig bekannte "Ostturkestanische Islamische Bewegung" (ETIM) als Terrorgruppe einstuften, um Peking im weltweiten Kampf gegen den Terror an Bord zu holen" (Spiegel Online 2009) - „Im September 2002 wurde die ‚Ostturkestanische Islamische Bewegung'" (East Turkestan Islamic Movement, ETIM) von den Vereinten Nationen in die offizielle Liste terroristischer Gruppierungen aufgenommen. Nebulos bleiben die Motive, welche die UN schließlich zu diesem Schritt bewogen. Fest steht jedoch, dass China zuvor ‚Überzeugungsarbeit' geleistet hatte, die ganz im Lichte des 11. September 2001 stand […] Viele Xinjiang-Experten stellen den radikal islamischen Hintergrund dieser Organisation in Frage" (Hahn 2004: 991).

roristische Operationen, über gemeinsame Aktivitäten zur "Durchsetzung gesetzlicher Bestimmungen", über gemeinsame Ausbildungsprogramme und -kurse für polizeiliche und andere Spezialkräfte, über militärische Zusammenarbeit bei der Bekämpfung des Separatismus sowie über den Austausch von Informationen und Erkenntnissen, derartige Aktivitäten betreffend (vgl. Ministry of Foreign Affairs of the People's Republic of China 2003). Vereinbarungen wurden auch über die Auslieferung des Terrorismus beschuldigter Personen getroffen. So überstellte z.B. Kasachstan „uigurische Nationalisten"an Peking. Entsprechend dieser Politik hat Peking umgekehrt genauso wenig wie Moskau gegen die Niederschlagung von Aufständen und separatistischen Bewegungen in Zentralasien einzuwenden – im Gegenteil, die usbekische Führung z.B. wurde in ihrem harschen militärischen Vorgehen gegen den Aufstand von Andijon im Mai 2005 vorbehaltlos unterstützt (vgl. Weitz 2006: 159).

3.2 Ökonomische Beziehungen zwischen China und Zentralasien

Evident ist gleichwohl, dass Peking Interesse hat, mit den zentralasiatischen Staaten gemeinsam die Infrastruktur für den Westen Chinas und über Zentralasien hinaus auszubauen. Sechs „neue größere Transportkorridore" sollen gemäß einer Planung des *Central Asia Regional Economic Cooperation* (CAREC) entstehen (Eurasianet 2008). Das Auswärtige Amt der Bundesrepublik Deutschland sieht dabei als wichtigstes Instrument der Zusammenarbeit die SOZ. Über diesen multilateralen Kontext hätten sich die beteiligten Staaten neben der Bereinigung von Grenzfragen auch über vertrauensbildende Maßnahmen verständigt und ihre Grenzen für den bilateralen Handel geöffnet. Grenzübergreifende Projekte der Verkehrs- und Energieinfrastruktur förderten die regionale Integration Zentralasiens. Die von China in den Vordergrund gestellten Fragen der Bekämpfung von "nationalem Separatismus, internationalem Terrorismus, religiösem Extremismus und anderen grenzüberschreitenden Verbrechen" stünden nicht mehr im Mittelpunkt der regionalpolitischen Zusammenarbeit, blieben aber angesichts der Uigurenfrage für China wichtig (Auswärtiges Amt 2010b).

Tatsächlich geht es China und zumindest auf der deklaratorischen Ebene allen SOZ-Mitgliedern um eine wirtschaftliche Kooperation, die die ökonomischen und sozialen und hierüber auch die politischen Verhältnisse in den zentralasiatischen Ländern stabilisieren helfen soll. Vor allem Letzteres blieb jedoch zumindest im ersten Jahrzehnt der Existenz der Organisation weitgehend im Rhetorischen stecken, weil die Eigeninteressen der Eliten in diesen Ländern, aber auch die Angst vor chinesischer ökonomischer Dominanz Bemühungen um größere Durchlässigkeit und eine Homogenisierung von Gesetzen und Verfahren und damit eine produktive Arbeitsteilung vielfach konterkarierten. Immerhin hat sich der Außenhandel Chinas mit Zentralasien zwischen 2001 und 2005 verfünffacht. Außerdem zeigt China, wie bereits angemerkt, zunehmendes Interesse an Erdöl- und Erdgasvorkommen in zentralasiatischen Ländern, um den steigenden Eigenbedarf zu decken. Vorerst werden noch relativ geringe Mengen Erdöls nach China geliefert. Doch dürften diese „noch erheblich ausgeweitet werden" (Götz 2008). Im Juni 2008 wurde mit dem Bau des kasachischen Abschnitts der Pipeline Zentralasien-China begonnen. Die Pipeline, die kasachisches und zu 25 Prozent auch russisches Öl weiter nach Xinjiang transportiert, wurde bis Oktober 2009 erweitert (vgl. Auswärtiges Amt 2010).

Zweifellos wächst Chinas wirtschaftlicher Einfluss in Zentralasien. Ging der chinesisch-zentralasiatische Handel während des Kalten Krieges praktisch gegen Null, so stieg er von 465 Mio. US-$ im Jahr 1992 auf 7,7 Mrd. US-$ 2005 und 25 Mrd. in 2009.

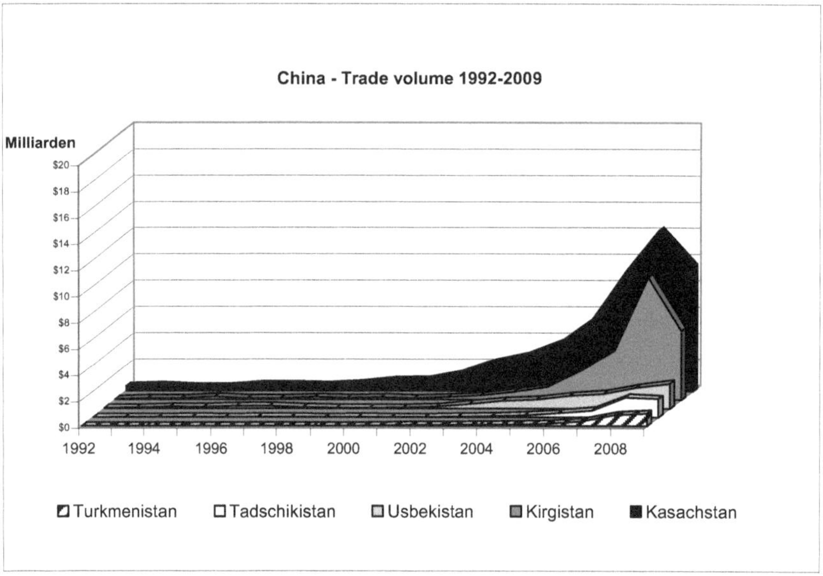

Grafik 2: Handelsvolumen Chinas mit Zentralasien 1992-2009 (in Milliarden US-$). Quelle: United Nations Comtrade 2010

Aber realiter ist der Austausch mit Zentralasien in der chinesischen Außenhandelsbilanz eine zu vernachlässigende Größe. Die beeindruckende Steigerung ergibt sich aus einem minimalen Stand zu Anfang der 1990er Jahre. Der gesamte Handel mit Zentralasien im Jahre 2009 machte nicht einmal ein Prozent des chinesischen Außenhandels aus.

Tab. 5: Anteil der zentralasiatischen Staaten am Gesamthandelsvolumen Chinas 1992-2009 (in Prozent)

1992	**1993**	**1994**	**1995**	**1996**	**1997**	**1998**	**1999**	**2000**
0,28	0,31	0,23	0,25	0,28	0,25	0,23	0,21	0,23
2001	**2002**	**2003**	**2004**	**2005**	**2006**	**2007**	**2008**	**2009**
0,21	0,28	0,35	0,35	0,39	0,52	0,69	1,00	0,86

Quelle: United Nations Comtrade 2010

Angesichts der Entwicklung auf dem Weltmarkt einerseits, Chinas Außenhandelspotenzial und Exportbedürfnis andererseits lässt die im Vergleich dazu zurückbleibende Entwicklung in den meisten Ländern Zentralasiens auf absehbare Zeit auch keine großartige Steigerung erwarten.

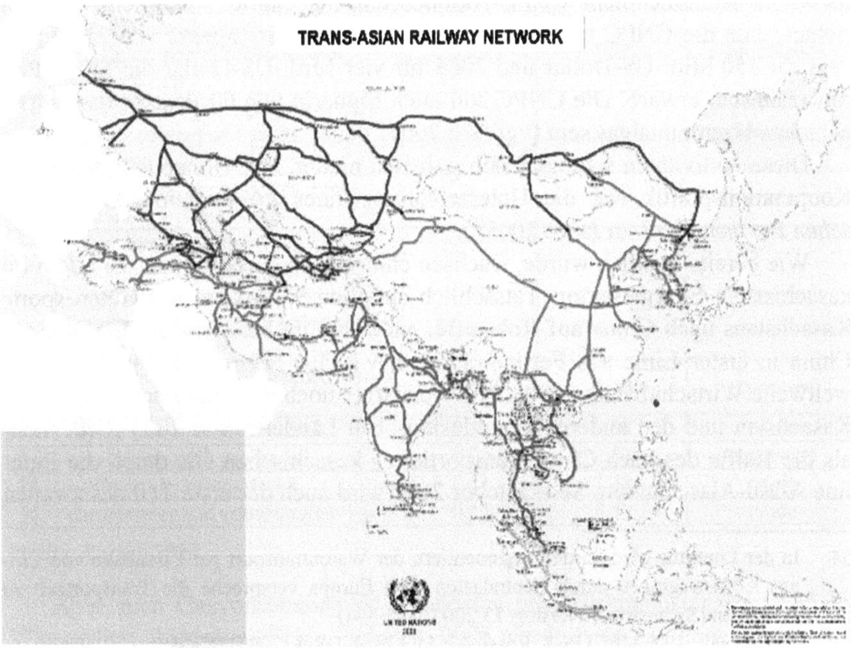

Karte 1: Transasiatisches Eisenbahnnetz. Quelle: United Nations Economic and Social Division for Asia and the Pacific 2009

Investitionsabkommen unterzeichnet, das einen Umfang von 600 Mio. US-Dollar aufweist (vgl. Wacker 2007: 319). Taschkent hatte ein Jahr zuvor von der chinesischen Regierung eine Kredithilfe in Höhe von 1,25 Mrd. US-Dollar bewilligt bekommen (vgl. Panfilova 2004). Die Pekinger Regierung investiert außerdem neben ressourcenspezifischen Bereichen insbesondere in zentralasiatische Verkehrs- und Kommunikationswege. Wipperfürth berichtete 2007 von etwa 300 Mio. US-Dollar, die Peking in die Verbesserung des zentralasiatischen Straßensystems investieren wolle (vgl. Wipperfürth 2007: 72). Sultanow berichtete, dass 2006 allein für den Ausbau des tadschikischen Transportnetzes die Vergabe von 500 Mio. US-Doller beschlossen worden sei. Im Rahmen der SCO habe Peking außerdem eine Kredithilfe für Tadschikistan in Höhe von 960 Mio. US-Dollar genehmigt (Sultanow 2007: 29). Im August 2008 schloss Peking während des jährlichen SCO-Treffens mit usbekischen Vertretern Geschäftsverträge im Wert von einer Mrd. US-Dollar ab, wovon der größte Teil in Form von chinesischen Krediten realisiert werden sollte.

Tab. 7: Importe von Öl und Treibstoffen - China (die zehn wichtigsten Partner und Zentralasien) in Mrd. US-$

	2001	**2002**	**2003**	**2004**	**2005**	**2006**	**2007**	**2008**	**2009**
Total imports	243,55	295,17	412,76	561,23	659,95	791,46	956,12	1.132,56	1.003,97
Total mineral fuels etc.	17,52	19,32	29,25	48,03	64,09	89,10	105,18	169,25	123,30
Saudi Arabia	1,91	2,46	3,76	5,43	9,28	11,88	13,64	26,40	19,32
Angola	0,72	1,09	2,21	4,72	6,58	10,93	12,88	22,36	14,61
Iran	2,16	2,08	2,97	3,98	6,06	9,03	11,64	16,80	10,57
Russian Federation	0,81	1,28	2,10	4,19	6,60	9,46	9,35	11,95	9,39
Australia	0,28	0,49	0,79	1,13	1,12	1,40	1,71	1,73	6,43
Republic of Korea	1,93	1,33	1,95	3,21	3,51	5,81	6,53	9,95	5,49
Oman	1,60	1,44	1,98	4,27	4,11	6,09	6,60	11,25	5,01
Sudan	0,94	1,16	1,43	1,66	2,57	1,87	4,14	6,29	4,64
Indonesia	0,65	0,82	1,16	1,30	2,00	1,65	2,48	2,58	4,27
Venezuela	0,10	0,05	0,33	0,27	0,71	2,34	2,58	5,78	3,72
KAZ	0,10	0,17	0,25	0,39	0,59	1,34	3,23	4,33	2,80
UZB	0,00	0,00	0,01	0,04	0,03	0,04	0,03	0,01	0,05
KIR	0,00	0,00	0,00	0,00	0,00	0,00	0,01	0,01	0,00
TAJ	0,00	0,00	0,00	0,00	0,00	0,00	0,00	0,00	0,00
TUR	0,00	0,00	0,00	0,00	0,00	0,00	0,02	0,00	0,00

Quelle: International Trade Centre 2011

Vor diesem Hintergrund wird immer wieder darauf hingewiesen, dass ähnlich wie Russland auch China vor allem an den Ressourcen der zentralasiatischen Staaten interessiert sei, um den Eigenbedarf an Erdöl und -gas zu decken. Andere Faktoren spielten in den Wirtschaftsbeziehungen kaum eine Rolle (vgl. Godehardt 2008). Energieimportdiversifikation durch Importsteigerung aus Zentralasien sei angesichts der Abhängigkeit von Nahost (etwa 50 Prozent) und Afrika (etwa 22 Prozent) ein wesentliches Ziel (vgl. Zhao 2007: 146). Einerseits wird diese Sicht durch wirtschaftliche Abkommen und Investitionen Chinas in Zentralasien in diesen Bereichen bestätigt. Andererseits ist die Bedeutung Zentralasiens für die Energieversorgung Russlands sowieso (viel größere Eigenressourcen), aber auch Chinas beschränkt. Für China wird auch in Zukunft der Import aus anderen Quellen erheblich bedeutsamer sein als aus Zentralasien.

3.3 Zwischenfazit

Dem Anliegen der zentralasiatischen politischen Führungen, sich nicht von Moskau vereinnahmen und von Westeuropa bzw. den USA abhängig machen, ihre eigenen Machtpositionen absichern und die eigenen Ressourcen und die Diversifizierung der Außenbeziehungen dafür nutzen zu wollen, kommt die chinesische Politik und das Engagement chinesischer Akteure entgegen. Der Ausbau und die Diversifikation der Infrastruktur werden vorangebracht. Und die chinesische Führung macht innere Reformen und die Einhaltung von Menschenrechten oder Demokratieförderung nicht zu einer Bedingung für die Intensivierung wirtschaftlicher Kooperation – wobei zur westlichen Politik in dieser Hinsicht zu sagen ist, dass sie ohnehin aufgrund widersprüchlicher Interessen selektiv und vielfach bloß rhetorisch ist[58].

Vor dem beschriebenen Hintergrund ist die Frage nach der realen politischen Bedeutung chinesischer Wirtschaftsbeziehungen mit Zentralasien weniger in dem Sinne zu beantworten, dass sie einer imperialen Attitüde Pekings oder einen Ringen um die Vorherrschaft in Zentralasien entsprechen würde. In Bezug auf regionale Perspektiven geht es aus chinesischer Sicht offensichtlich vielmehr um den Versuch, über die Unterstützung wirtschaftlicher Entwicklung politische Stabilität in Zentralasien zu fördern, die wiederum der politischen Stabilität Chinas – vor allem mit Blick auf Xinjiang – zugute käme. Diese Strategie entspricht einem eher liberalen Außenpolitikansatz. Übergeordnete Zielsetzung ist jedoch – wie bei chinesischen Außenwirtschaftsaktivitäten in anderen Regionen auch – die Entwicklung, die Prosperität und die Steigerung der Gewinne für chinesische Unternehmen und die chinesischen Wirtschaft insgesamt. Allerdings wächst mit der zunehmenden Dominanz chinesischer Waren auf den zentralasiatischen Märkten ein anderes Problem heran: die steigende Aversion immer brei-

58 Siehe dazu weiter unten.

terer Bevölkerungsteile gegen chinesische Waren im Besonderen und China im Allgemeinen. Was für China in der Außenhandelsbilanz fast ohne Bedeutung ist, erweckt in Zentralasien den Eindruck einer Überschwemmung mit Produkten, die einerseits zum größeren Teil (im Vergleich zu europäischen) minderwertig sind, andererseits Arbeitsplätze und traditionelle Strukturen vernichten. Diese Stimmungslage bleibt nicht ohne Auswirkungen auf die Entwicklung der Beziehungen zwischen China und Zentralasien. Die politischen Eliten in den zentralasiatischen Ländern stehen der zeitweilig von Peking ventilierten Idee einer Freihandelszone zwischen China und den zentralasiatischen Ländern schon aus Gründen der eigenen Systemstabilität mit Vorbehalten gegenüber. Sie wiegen mit Blick auf Loyalitäten in der Bevölkerung zusätzlich ab zwischen positiven und negativen Stabilitätserwartungen durch einen vermehrten Austausch und vermehrte Kooperation mit China.

4. Der Westen[59] und Zentralasien

Über die historischen Beziehungen westlicher Länder wurden bereits einleitend im Kontext der Erörterung der These von einem *Great Game* einige Ausführungen gemacht. Festzuhalten bleibt, dass nach der türkischen Migration in das Gebiet zwischen dem 5. und 10. Jahrhundert und der teilweise erfolgreichen Islamisierung durch die arabische Expansion ab dem frühen 8. Jahrhundert, danach der Eroberung durch die Mongolen im 13. und dem Ende der Dominanz nomadischer Völker im 16. Jahrhundert, es vor allem das Russische und das Osmanische Reich waren, die Einfluss auf das hier interessierende Gebiet ausübten. Das im 19. Jahrhundert im Süden des asiatischen Kontinents dominierende British Empire war bemüht, der russischen Expansion Einhalt zu gebieten; solcherart blieb Afghanistan außerhalb des Zugriffs durch das Russische Imperium. Die Strategie der Eindämmung führte westlicherseits die nach dem Zweiten Weltkrieg führende Macht USA unter dem Vorzeichen extremer Geopolitisierung außenpolitischen Denkens fort – mit beschränktem Erfolg, wie die kommunistischen Machtübernahmen u.a. in China, Indochina und auf der koreanischen Halbinsel, aber zeitweise auch in Afghanistan verdeutlichen. Diese Konstellation änderte sich sukzessiv ab den 1970er Jahren. Zentralasien verblieb aber bis zur Auflösung der UdSSR unter dem Einfluss Moskaus. Als eigenständiger außenpolitischer Bezugspunkt ist Zentralasien für den Westen also historisches Neuland.

Die aktuellen Ziele der USA in Bezug auf Zentralasien werden in der Regel mit der Eindämmung von islamistischem Extremismus und internationalem Terrorismus, der positiven Entwicklung der Volkswirtschaften der Länder der Region und der Sicherung des Zugangs zu den Ressourcen, vor allem den Energieressourcen, beschrieben. Außerdem wolle Washington die Unabhängigkeit dieser neuen Staaten absichern und verhindern, dass andere Mächte in der Region, vor allem Russland und China, eine Dominanz über die zentralasiatischen Länder ausüben. Darüber hinaus bemühten sich verschiedene Kräfte in den USA um eine Förderung von Menschenrechten und Demokratie in der Region (vgl. Weitz 2006: 160). Diesen Prinzipien folgt im Wesentlichen auch die Politik anderer westlicher Akteure, wobei die jeweiligen Umsetzungsbemühungen durchaus unterschiedlich ausfallen.

59 Darunter werden hier vor allem die USA, die EU und die NATO sowie einzelne staatliche Akteure, nationale und internationale Regierungs- und Nichtregierungsorganisationen verstanden, die dem liberalen Paradigma (Rechtsstaatlichkeit, Demokratie, Marktwirtschaft, freier Welthandel) verpflichtet sind und in unterschiedlicher Weise in ihrer Politik gegenüber zentralasiatischen Ländern geltend zu machen versuchen.

4.1 Sicherheits- und Ordnungspolitik der USA in Zentralasien

Nach dem Zusammenbruch der Sowjetunion hofften die USA, die neuen unabhängigen Staaten Zentralasiens hin zu Demokratisierung und wirtschaftlichem Wachstum lenken zu können, und bauten dabei auf Kooperationen im politischen und wirtschaftlichen, aber auch militärischen Bereich. So rief die NATO 1994 das Programm *Partnership for Peace* ins Leben, mit dem Ziel, die Staatsführer der Region für die Trennung militärischer und ziviler Staatsaufgaben zu sensibilisieren und den Mitlitärs demokratische Grundwerte zu vermitteln (vgl. Scholvin 2009: 3).

Mit Hilfe europäischer ExpertInnen, PolitikerInnen und internationaler Organisationen wurden demokratische Verfassungen ausgearbeitet, die dann in Referenden oder durch Parlamentsbeschlüsse angenommen wurden. Vielfach wurden formal-demokratische Strukturen eingeführt, was in den USA und in anderen westlichen Staaten eine optimistische Einstellung in Bezug auf Zentralasien kreierte.

Insbesondere nach „9/11" verhandelte das US-Verteidigungsministerium simultan über die Einrichtung von US-Basen auf dem Boden zentralasiatischer Länder sowie über Militärabkommen, die das Ziel hatten, das US-Stützpunkt- und Informationssystem zu verbreitern und dem *war on terror* eine noch breitere Basis zu verleihen (vgl. Cooley 2008: 65). Z.B. kam in der zwischen den USA und Usbekistan vereinbarten *Declaration on Strategic Partnership* vom März 2002 diese Kombination von politischer, militärischer und strategischer Interessenlage – deutlich die Handschrift Washingtons tragend – zum Ausdruck. Die Sicherheit und die territoriale Integrität Usbekistans sowie die Unterstützung Taschkents für die „Operation Enduring Freedom" wurden genauso betont wie das Bekenntnis Usbekistans zu innenpolitischen Reformen, Menschenrechten, demokratischen Institutionen, ein Mehrparteiensystem, Pressefreiheit usw.[60] Diese Deklaration, unterzeichnet von den Präsidenten Bush und Karimov, formulierte aber darüber hinaus gehend einen gesellschafts- und wirtschaftspolitischen sowie strategischen Anspruch, der sich auf die gesamte Region bezog. Die dabei zum Ausdruck gebrachten Führungsambitionen Washingtons und Taschk-

60 Allerdings merkt Cooley an, es sei unklar, "[...] whether U.S. officials viewed these Uzbek commitments as genuine or as political cover to justify the deepening of security ties between the countries" (Cooley 2008: 73).

ents dürften bei anderen regionalen und internationalen Kräften nur auf begrenzten Anklang gestoßen sein[61].

Die Anstrengungen, über diverse US-Organisationen demokratische Entwicklungen in Zentralasien zu fördern, waren beträchtlich. Die Ausgaben der *U.S. Agency for International Development* (USAID), des *Department of State's Bureau of Democracy, Human Rights and Labor* (State DRL) und des *National Endowment for Democracy* (NED) für die zentralasiatischen Staaten beliefen sich zwischen 2006 und 2008 für Kirgisistan auf 26,059 Mio. US-$, Kasachstan 17,745, Tadschikistan 14,832, Usbekistan 12,824, sowie für Turkmenistan auf 6,629 Mio. US-$ (vgl. United States Government Accountability Office 2009: 46-48). Eine auf den gesamten eurasischen Raum bezogene Aufstellung diesbezüglicher Unterstützungsleistungen von US-Seite im Zeitraum von 1990-2005 findet sich im Journal of Democracy (Azpuru et al. 2008). Ausgewiesen sind in Mio. US-$ für Kasachstan: 104,10; Kirgisistan: 77,05; Tadschikistan: 34,46; Turkmenistan: 12,70; sowie Usbekistan: 51,11.

Allerdings stellte sich im weiteren Verlauf der Entwicklung heraus, dass es nicht nur immer größere Implementierungsprobleme in Bezug auf demokratische Absichtserklärungen gab, sondern sich die Einführung demokratischer Verfahren sogar teilweise gegen die damit verbundenen Absichten richtete. Erstens etablierte sich realiter in den zentralasiatischen Ländern nach der Auflösung der Sowjetunion und des Kommunismus ein System, das einerseits die bisher herrschenden Eliten begünstigte, die sich nationalistisch wendeten und im Prozess der Privatisierung nunmehr auch die ökonomischen Machtmittel für ihre neu-alte Herrschaft akquirierten. Zweitens verband sich dieser „Transformationsprozess" mit einer Rückwendung zu traditionellen Clan- und Familienstrukturen, die Patronage und Begünstigung der jeweils eigenen Gruppe, deren Angehöriger und loyaler Freunde zum vorrangigen Muster ökonomischen, politischen und sozialen Herrschaftsverhaltens werden ließ. Auf diese Weise gerieten die wichtigsten ökonomischen Ressourcen der Länder, die Medien, die Sicherheitsapparate u.a. unter die Kontrolle dieser Machthaber und ihres jeweiligen – oft familiären – Anhangs[62]. Das politische, ökonomische und soziale System unter der Sowjetherrschaft hatte eine Vielzahl von Insuffizienzen und Nachteilen aufge-

---

61 *Declaration on Strategic Partnership* zwischen Bush und Karimov, März 2002: "Our overall goal in the region is clear. We aim to support the development of fully sovereign, stable and democratic nations that respect human rights. We also want them to be integrated into the world economy, to cooperate with one another, with the United States and with our partners, and to advance regional security and stability" (Subcommittee on Asia, the Pacific and the Global Environment 2008: 13).

62 Dazu mehr in Kapitel 6.

wiesen. Doch im Vergleich dazu waren die postsowjetischen Entwicklungen gleichwohl ein Rückschritt.

Vor diesem Hintergrund geriet die Politik des Demokratieexports auch hinsichtlich der beabsichtigten Positionierung der USA als bestimmender Macht in Zentralasien in eine Krise. Diese Politik versagte nicht nur in weiten Bereichen der internen Entwicklung in den postsowjetischen Ländern Zentralasiens, sondern schadete auch den Interessen der USA etwa mit Blick auf die Bekämpfung des internationalen Terrorismus. Die zentralasiatischen Eliten wandten sich wieder verstärkt anderen Spielern zu bzw. spielten die internationalen Akteure, die sich in diesen Ländern Loyalitäten schaffen wollten, gegeneinander aus. Das Interesse der externen Akteure z.B. an gemeinsamer Terrorbekämpfung wurde dort aufgegriffen, wo es den inneren Machtinteressen der zentralasiatischen Eliten dienlich erschien. Dagegen verteuerten sich die Stützpunkte, an denen den USA und anderen westlichen Staaten v.a. wegen des Afghanistan-Krieges gelegen war, erheblich. Gleichzeitig begannen die zentralasiatischen Eliten, die westlichen Länder selektiv je nach dem Ausmaß der Kritik an Menschenrechtsverletzungen in der Region zu bevorzugen oder abzustrafen. Die usbekische Führung etwa tadelte die USA auf Grund der massiven Kritik, die von Seiten US-amerikanischer Medien und Organisationen nach der Niederschlagung von Aufständen im Fergana-Tal 2005 geübt worden war, und Taschkent verfügte die Auflösung US-amerikanischer Einrichtungen im Lande (vgl. RIA Novosti 2005). Dagegen wurde die Bundesregierung ob ihrer Zurückhaltung gelobt und der Stützpunkt Termes im usbekischen Süden – eine Drehscheibe für Transport nach Afghanistan – nicht in Frage gestellt.

Ein Hin und Her gab es um den US-Stützpunkt Manas in Kirgisistan. Im Februar 2009 kündigte Bischkek an, den Stützpunkt schließen zu wollen (vgl. Die Zeit 2009), im April 2010 sicherte die kirgisische Interimsregierung US-Außenministerin Hillary Clinton zu, Manas könne seine Tätigkeit wieder aufnehmen (vgl. RIA Novosti 2010d). Seit Juli 2006 hatte das Pentagon für die Nutzung des Stützpunktes knapp 17,5 Mio. US-$ pro Jahr gezahlt, was eine beträchtliche Steigerung gegenüber den 2 Mio. darstellte, die bis dahin pro Jahr an die kirgisischen Gastgeber entrichtet worden waren (vgl. Schmitz/Halbach 2009: 3).

Der Misserfolg in Sachen Demokratieexport hatte aber auch mit einer Fehlwahrnehmung demokratischer Potenziale in den zentralasiatischen Ländern zu tun. In allen diesen Ländern gab und gibt es Organisationen und Gruppierungen, die sich stärker an westlichen Werten orientieren und eine Liberalisierung und Demokratisierung befürworteten. Aber im Vergleich zu den etablierten Machtstrukturen waren diese Kräfte nicht nur schwach bis sehr schwach, sondern darüber hinaus auch noch zersplittert. Dies und die evidente Bereitschaft der herrschenden Eliten, gegen solche Bewegungen alle Mittel einzusetzen, um sie auszuschalten, wenn durch ihre Tätigkeit eine Gefährdung wahrgenommen wurde, schränkten westliche Bemühungen in dieser Richtung drastisch ein. Wie sich herausstellte, schreckten die herrschenden Eliten in diesen Ländern vor Manipulationen von verfassungsmäßig garantierten Wahlen genauso wenig zurück wie vor Verfassungsänderungen, die z.B. – ganz im Widerspruch zu demokratischen Intentionen in den Verfassungen – die Amtszeiten von Präsidenten nicht nur über zwei Wahlperioden hinaus verlängerten, sondern teilweise in lebenslange Präsidentschaften legalisierten.

Die Feststellung, dass die Politik des Demokratieexports in die Krise geriet und partiell zu gegen damit intendierten Konsequenzen führte, bedeutet freilich nicht, dass hierzu westlicherseits eine prinzipielle Alternative bestanden hätte. Immerhin verschafften die diesbezüglichen Aktivitäten und Anstrengungen demokratieorientierten Kräften in den zentralasiatischen Ländern zusätzliche Spielräume. Die Staatsführungen unterlagen einem stärkeren Legitimierungsdruck, nachdem sie sich in Deklarationen und Abkommen zur Einhaltung demokratischer Standards verpflichtet hatten. Und die Einbeziehung dieser Länder in auf demokratische Standards gerichtete internationale Organisationen wirkte in mehr oder minder großem Maße in dieselbe Richtung. Allerdings wurden mögliche Erfolge dieser Politik nicht nur durch die autoritären Entwicklungen in den zentralasiatischen Ländern eng begrenzt, sondern auch durch schwerwiegende Fehler westlicher Globalpolitik v.a. im Zusammenhang mit dem *war on terror* und aus diesen Fehlern folgenden Zwängen. Wie bereits angedeutet, wurden je nach sicherheitspolitisch und militärisch als prioritär erachtetem Bedarf demokratiepolitische Zugeständnisse gemacht, die zu unterschiedlichen Standards und an politischen Opportunitäten orientierten Ungleichbehandlungen und hierüber auch zu Glaubwürdigkeitsproblemen und Autoritätsverlusten führten. Dies wiederum hatte negative Auswirkungen auf die ohnehin autokratischen Trends unterworfenen Entwicklungen der zentralasiatischen politischen und Rechtssysteme.

Nach den Terroranschlägen vom 11. September 2001 in den USA wurde Zentralasien zu einem wichtigen Kampfgebiet im Krieg gegen den Terrorismus erklärt und solcherart in der Bedeutung westlicher Außenpolitik aufgewertet. Die Eliten in den dortigen postsowjetischen Republiken, aufgeschreckt durch stärker werdenden religiösen Extremismus und gewaltbereite Organisationen in den eigenen Ländern und aus Furcht vor der Unterstützung des Extremismus von außen und grenzüberschreitenden Terrorismus, boten den USA Lufträume und Militärbasen zur Nutzung an. Schnell wurde deutlich, dass dies nicht nur finanziell lukrativ war, sondern auch Einwirkungsmöglichkeiten auf die Außenpolitik jener Länder barg, die auf diese Stützpunkte angewiesen waren. In Usbekistan wurde von den US-Streitkräften nach ihrer Ausweisung 2005 der deutsche Stützpunkt Termes in Zusammenarbeit mit der Bundeswehr genutzt. In Kirgisistan verfügt das US-Militär, wie oben beschrieben, nach wie vor, aber immer gefährdet, über die Manas Air Base mit rund 1.000 Mann Bodenpersonal.

Manas ist seit dem Beginn der Afghanistan-Operation 2001 ein wichtiges Drehkreuz für die Stationierung und die Versorgung der Koalitionstruppen. 2008 wurden knapp 200.000 Soldaten von dort ins oder aus dem Krisengebiet geflogen, 2009 waren es mehr als 280.000, darüber hinaus Gerät, Treibstoff u.a. (vgl. Transit Centre at Manas 2010). Die Bedeutung der Basis hat insbesondere nach dem Verlust des Stützpunktes im benachbarten Usbekistan zugenommen. Damit war Manas der einzige Stützpunkt in den nördlichen Anrainerstaaten Afghanistans, der den USA in Eigenregie zur Verfügung stand. In den vorausgegangenen Jahren war auch die südliche Versorgungsroute nach Afghanistan durch Pakistan aufgrund sich ausweitender Taliban-Attacken zunehmend unsicher geworden. Dieser Versorgungsengpass gefährdete letztlich auch die von der US-Regierung beschlossene Afghanistan-Strategie, die einen Aufwuchs der Kräfte mit der Perspektive eines Abzugs innerhalb weniger Jahre vorsieht.

4.2 Ökonomische Beziehungen der USA und der EU zu Zentralasien

Die Bedeutung des westlichen Handels mit den zentralasiatischen Ländern ist zweifellos in den letzten beiden Jahrzehnten gestiegen (siehe Grafik 3 und 4). Besonders vorteilhaft entwickelte sich der Handel mit Ländern der Europäischen Union. Kasachstan z.B. setzt mit der EU in etwa soviel um wie mit Russland, China und den USA zusammen. Aber für den Westen sind das keine herausragenden Dimensionen. Im Verhältnis zum Gesamtvolumen und zur Steigerung des Gesamthandels ist diese Entwicklung marginal.

Tab. 8: Anteil der zentralasiatischen Staaten am Gesamthandelsvolumen der USA und der EU-27 (in Prozent)

	1992	1993	1994	1995	1996	1997	1998	1999	2000
USA	0,01	0,03	0,04	0,02	0,07	0,05	0,04	0,05	0,04
EU-27	k.A.	k.A.	k.A	k.A.	k.A.	k.A.	k.A.	k.A.	0,40

	2001	2002	2003	2004	2005	2006	2007	2008	2009
USA	0,06	0,05	0,06	0,07	0,10	0,07	0,09	0,10	0,10
EU-27	0,41	0,45	0,46	0,64	0,74	0,88	0,86	0,95	0,80

Quelle: United Nations Comtrade 2010

Für die USA schlug sich der Handel mit Zentralasien in 2009 gerade einmal mit 0,1 Prozent in der Gesamthandelsbilanz nieder, für die EU mit 0,8 Prozent (siehe Tabelle 8).

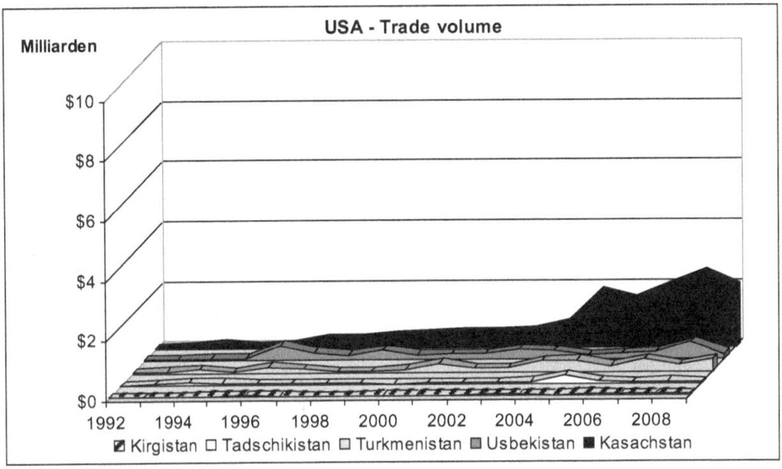

Grafik 3: Handelsvolumen der USA mit Zentralasien 1992-2009 (in Mrd. US-$)[63]*.*
Quelle: United Nations Comtrade 2010

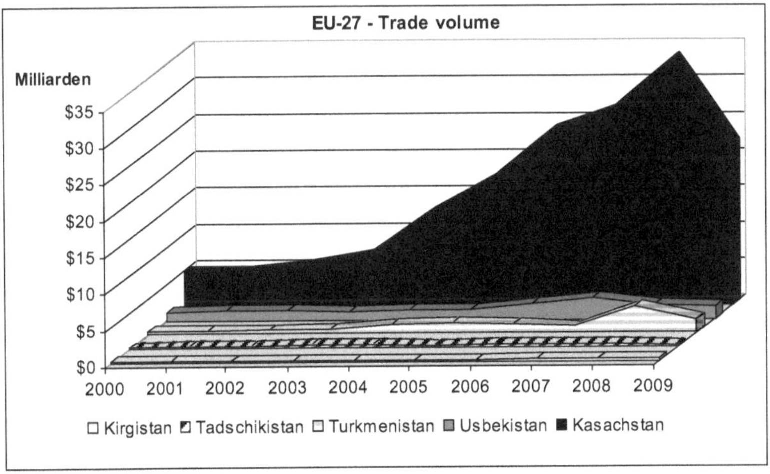

Grafik 4: Handelsvolumen der EU-27 mit Zentralasien 2000-2009 (in Mrd. US-$).
Quelle: United Nations Comtrade 2010

63 Der hier verwendete Maßstab weicht von dem in Grafik 1 und 2 verwendeten Maßstab aus Gründen der Anschaulichkeit ab.

Die Feststellung der geringen Bedeutung des Außenhandels westlicher Länder mit Zentralasien gilt auch für den Import von Öl und Ölprodukten, auf den mit Blick auf strategische Überlegungen immer wieder hingewiesen wird. Am bei weitem stärksten schlägt sowohl für die USA als auch die EU diesbezüglich der Import aus Kasachstan zu Buche. Der US-Import von Öl aus Kasachstan belief sich in 2009 wertmäßig auf etwas mehr als 1 Mrd. US-$. Das ist ein gleichwohl zu vernachlässigender Posten im Vergleich zu den US-Gesamtimporten auf diesem Gebiet, die fast 280 Mrd. US-$ ausmachen.

Tab. 9: Importe von Öl und Treibstoffen – USA (die neun wichtigsten Exporteure und Zentralasien) in Mrd. US-$

	2001	2002	2003	2004	2005	2006	2007	2008	2009
Total imports	1.180	1.202	1.305	1.525	1.732	1.919	2.017	2.165	1.604
Total mineral fuels etc.	129,14	122,08	163,30	216,44	298,08	345,16	372,34	501,94	279,1
Canada	34,72	30,14	42,03	49,72	66,62	74,42	80,08	113,08	64,94
Venezuela	14,32	13,98	16,20	23,69	32,71	36,17	39,12	50,03	27,75
Mexico	10,47	12,51	15,99	20,36	26,57	34,04	34,52	42,51	25,62
Saudi Arabia	13,60	13,30	18,72	21,81	28,13	32,50	36,45	56,26	22,69
Nigeria	9,15	6,18	10,88	17,06	24,99	28,91	33,67	38,99	19,63
Russian Federation	0,96	2,14	3,61	4,96	8,56	10,62	11,52	17,85	13,77
Algeria	2,86	2,55	5,06	7,90	10,81	16,08	18,38	19,98	11,13
Angola	3,27	3,27	4,48	4,75	8,78	12,12	12,87	19,46	9,65
Iraq	6,30	3,80	4,91	9,05	9,31	11,83	11,37	22,71	9,59
Kazakhstan	0,01	0,27	0,10	0,27	0,85	0,32	0,48	0,58	1,05
Turkmenistan	0,01	0,01	0,01	0,01	0,08	0,03	0,19	0,11	0,06
Uzbekistan	0,00	0,00	0,00	0,00	0,00	0,00	0,00	0,00	0,00
Kyrgyzstan	0,00	0,00	0,00	0,00	0,00	0,00	0,00	0,00	0,00
Tajikistan	0,00	0,00	0,00	0,00	0,00	0,00	0,00	0,00	0,00

Quelle: United Nations Comtrade 2010

Ähnliches gilt für die EU. Werden die Handelsbeziehungen der zentralasiatischen Länder mit europäischen Ländern in dieser Form zusammenrechnet, avancierte die EU zum wichtigsten Handelspartner der Region: Fast ein Drittel des Handels entfällt auf EU-Länder (2007 waren es 29,1 Prozent). Für die EU ist dieser Handel dennoch nicht signifikant. Einzig Kasachstan spielt eine größere Rolle. Dies ist nicht nur der Fall, weil es für den Großteil, nämlich 85 Prozent des Gesamtaustausches der EU mit der Region, steht (European Commission 2008). Wesentlich ist, dass davon der Großteil auf Öl, Gas u.a. Rohstoffe entfällt. Aus Kasachstan importierten die 27 Staaten der EU in 2008 Öl und Öldestillationsprodukte für 21,89 Mrd. US-$. Der Gesamtimport auf diesem Gebiet belief sich allerdings auf 654,35 Mrd. US-$. Öl aus Kasachstan macht also wertmäßig bloß etwa 2,5 Prozent des gesamten Importbedarfs aus. Dem gegenüber importierte die EU aus Russland solche Produkte im Wert von 175,26 Mrd. US-$. Betrachtet man den eurasischen Raum als Ölversorgungskomponente mit dem Hauptfaktor Russland und die Bedeutung Russlands für die EU gesondert, dann ist der Ölimport aus Kasachstan indes zumindest nicht mehr unbedeutend: Er macht immerhin 13 Prozent des Imports aus Russland aus und übertrifft das Volumen, das aus Iran oder Nigeria bezogen wird.

Tab. 10: Importe von Öl und Treibstoffen – EU-27 (die neun wichtigsten Exporteure und Zentralasien) in Mrd. US-$[64]

	2001	2002	2003	2004	2005	2006	2007	2008	2009
Total imports	877	885	1.058	1.279	1.466	1.698	1.968	2.285	1.704
Total mineral fuels etc.	137,32	136,71	173,33	240,63	341,50	426,57	459,92	654,35	417,81
Russian Federation	30,63	32,55	44,02	64,66	96,34	118,34	130,12	174,06	118,71
Norway	21,98	23,30	29,56	39,80	50,21	57,67	59,85	82,79	51,93
Special Categories	9,49	9,99	14,81	22,39	30,80	46,38	50,25	71,02	34,24
Libya	10,00	8,70	11,94	16,35	23,05	29,49	33,98	45,11	27,45
Algeria	10,04	10,11	12,01	13,92	19,06	21,56	20,27	29,88	23,62
Nigeria	5,13	4,09	6,09	5,64	9,52	12,80	12,94	21,59	13,23
Other Europe, nes	k.A.	k.A.	k.A.	k.A.	k.A:	k.A.	k.A.	k.A.	13,13
Kazakhstan	2,10	3,08	3,60	7,31	11,20	14,67	15,25	21,89	12,87
Saudi Arabia	9,67	9,07	12,16	16,94	23,38	24,99	20,52	26,44	12,27
USA	2,06	1,72	1,73	3,24	4,47	15,98	5,90	15,13	10,96
Iran	5,02	4,40	6,83	8,76	12,94	6,3	16,75	18,40	10,24
Turkmenistan	0,15	0,22	0,29	0,73	1,07	0,69	0,43	1,69	0,56
Uzbekistan	0,02	0,00	0,00	0,05	0,18	0,33	0,49	0,21	0,02
Kyrgyzstan	0,00	0,00	0,00	0,00	0,00	0,00	0,00	0,01	0,00
Tajikistan	0,00	0,00	0,00	0,00	0,00	0,00	0,00	0,00	0,00

Quelle: United Nations Comtrade 2010

Diese Relationen werden sich aber auch in Zukunft nicht wesentlich verschieben. Vorhandenes, gefördertes und als Reserven geschätztes Öl aus Zentralasien hat bei Weitem nicht den Stellenwert, der ihm in der von geostrategischen Prämissen unterlegten Literatur – freilich unter Vernachlässigung empirischer Daten - zugemessen wird. Die Erdölförderung in Zentralasien machte im Jahre 2009 nur 2,4 Prozent der Weltgesamtförderung aus, die Reserven werden

64 Die von Comtrade verwendeten „Special Categories“ umfassen Handelspartner, die von der EU in ihren öffentlichen Statistiken nicht weiter aufgegliedert werden. Gleiches gilt für „Other Europe, nes“(not elsewhere specified).

auf etwas mehr als drei Prozent der Weltgesamtreserven geschätzt; der größte Teil entfällt auf Kasachstan. Die Gasreserven machen immerhin 6,2 Prozent der Weltgesamtreserven aus; hier entfällt aber der größte Teil auf Turkmenistan.

Tab. 11: *Anteil Zentralasiens an globalen Öl- und Gasressourcen 2009. Ölreserven in Milliarden Barrel/Anteil an Weltreserven (Ende 2009)*

	Reserven	**Anteil an Weltreserven**
Mittlerer Osten	754,2	56,60%
Süd- und Zentralamerika	198,9	14,90%
Afrika	127,7	9,60%
Russland	74,2	5,60%
Nordamerika	73,3	5,50%
Asien und Pazifikregion	42,2	3,20%
Kasachstan	39,8	3,00%
andere Staaten Europas und Eurasiens	14,6	1,10%
Aserbaidschan	7,0	0,50%
Turkmenistan	0,6	0,00%
Usbekistan	0,6	0,00%
Gesamte Weltreserven	1333,1	100,00%

Tab. 12: *Anteil Zentralasiens an globalen Öl- und Gasressourcen 2009. Gasreserven in Billionen Kubikmeter/Anteil an Weltreserven (Ende 2009)*

	Reserven	**Anteil an Weltreserven**
Mittlerer Osten	76,18	40,60%
Russland	44,38	23,70%
Asien und Pazifikregion	16,24	8,70%
Afrika	14,76	7,90%
Nordamerika	9,16	4,90%
Turkmenistan	8,1	4,30%
Süd- und Zentralamerika	8,06	4,30%
andere Staaten Europas und Eurasiens	5,8	3,00%
Kasachstan	1,82	1,00%
Usbekistan	1,68	0,90%
Aserbaidschan	1,31	0,70%
Gesamte Weltreserven	187,49	100,00%

Vor diesem Hintergrund wird erstens deutlich, dass für den Westen (wie auch für China und Russland) die „energiestrategische Bedeutung" Zentralasiens eine nicht zu vernachlässigende, aber dennoch beschränkte Bedeutung hat. Zweitens besteht für die EU der Handel mit Zentralasien im Wesentlichen aus dem Handel mit Kasachstan. Die anderen vier Länder sind unter ökonomischen Gesichtspunkten bedeutungslos.

Tab. 13: Anteil Zentralasiens an globalen Öl- und Gasressourcen 2009. Kaspische Ölproduktion im globalen Kontext in Tausend Barrel pro Tag (2009)

	Reserven	Anteil an Weltproduktion
Mittlerer Osten	24357	30,30%
Nordamerika	13388	16,50%
Russland	10032	12,90%
Afrika	9705	12,00%
Asien und Pazifikregion	8036	10,00%
Süd- und Zentralamerika	6760	8,90%
andere Staaten Europas und Eurasiens	4642	5,70%
Kasachstan	1682	2,00%
Aserbaidschan	1033	1,30%
Turkmenistan	206	0,30%
Usbekistan	107	0,10%
Gesamte Weltreserven	79948	100,00%

Quelle: BP Statistical Review of World Energy 2010

Außerdem wird verständlich, warum die Mehrheit der EU-Mitglieder – an ihrer Spitze Deutschland – besondere Anstrengungen unternimmt, Kasachstan in europäische Institutionen einzubinden und erhebliche Zugeständnisse an die kasachische Staatsführung machte, als diese sich um den prestigeträchtigen Vorsitz in der OSZE für das Jahr 2010 bewarb. Im Rahmen der politischen Strategie, die die Europäische Union gegenüber Zentralasien verfolgt, wird Kasachstan neben seiner regionalen ökonomischen Bedeutung aufgrund seiner im Vergleich zu anderen zentralasiatischen Regimen größeren Liberalität, Offenheit und ökonomischen und politischen Stabilität eine Vorbild und Konsolidierungsfunktion zugemessen.

4.3 Sicherheits- und Ordnungspolitik der EU in Zentralasien

Die deutsche Regierung definiert aktuell – eher die zivile Dimension herausstellend – Stabilität und Sicherheit als die obersten Prioritäten der EU in Zentralasien. Sicherheit und Stabilität seien nicht nur unerlässlich für Frieden und Prosperität in der gesamten Region um das Kaspische und das Schwarze Meer; sie berührten auch ganz unmittelbar die Sicherheit in Europa. Zum Thema Sicherheit gehöre auch, dass Europa die grenzüberschreitende Zusammenarbeit in Zentralasien fördere. Geschlossene, teilweise verminte Grenzen zwischen den zentralasiatischen Nachbarn behinderten immer noch den Personen- und Warenverkehr und forderten Menschenleben. Dagegen werde der grenzüberschreitende Drogenhandel zunehmend zu einem Hindernis für die Modernisierung der betroffenen Gesellschaften. Die faire Aufteilung und Verwendung der Wasserressourcen und Fragen des Umweltschutzes seien weitere regionale Herausforderungen (vgl. Auswärtiges Amt 2010d).

Die Ziele der Zentralasien-Strategie der EU von 2007 (an denen Deutschland federführend mitgearbeitet hat[65]) sind „der Aufbau und die Konsolidierung stabiler, gerechter und offener Gesellschaften, die internationalen Standards entsprechen" (Rechtsstaatlichkeit, Menschenrechte, Demokratisierung)[66]. Konkret gehe es um Initiativen und Projekte zu *Good Governance*, Hilfe bei Reformen im Finanzsektor, den Aufbau eines modernen Kommunikationsnetzes, den Abbau von Handelsschranken, die Förderung eines Beitritts zur WTO, den Austausch von Personal und die Zusammenarbeit bei Energietechnologien. Die finanzielle Unterstützung für diese Vorhaben soll bis 2013 (im Vergleich zu 2007) auf 750 Mio. € verdoppelt werden. Vertragliche Grundlage der bilateralen Beziehungen sind die *Partnerschafts- und Kooperationsabkommen* (PKA) von Anfang der 1990er Jahre. Das Europäische Parlament blockierte allerdings den Ratifizierungsprozess der PKA mit dem Verweis auf Menschenrechtsverletzungen in Tadschikistan und Turkmenistan (vgl. Schneider/ Hannemann 2007). Eine Resolution des Europäischen Parlaments, die im Februar 2008 angenommen wurde, nennt spezifische Menschenrechtskriterien für Turkmenistan, die ursprünglich vom Ausschuss für Internationalen Handel des Parlaments formuliert wurden. Die Erfüllung dieser Bedingungen wurde zur Voraussetzung für den Abschluss eines Handelsabkommens gemacht, das als Vorläufer für ein Partnerschaftsabkommen betrachtet werden kann[67]. Mit Tadschikistan war 2004 ein Abkommen unterzeichnet worden, das allerdings erst am 1.1.2010 in Kraft trat (vgl. European Treaties Office 2010).

Im Fortschrittsbericht des Rates der EU zur Zentralasienstrategie vom Mai 2010 heißt es, dass „übergreifend ein gutes Maß an Umsetzung" der Strategie festzustellen sei, und zwar sowohl in Bezug auf eine Zunahme der regionalen Tätigkeiten als auch auf den Ausbau der bilateralen Beziehungen aller fünf Län-

---

65 „Der Rat der europäischen Staats- und Regierungschefs hat daher auf Initiative der deutschen EU-Präsidentschaft im Juni 2007 die Strategie ‚EU und Zentralasien – eine Partnerschaft für die Zukunft' verabschiedet" (Auswärtiges Amt 2010d). „Frankreich und Deutschland agieren – mit Unterstützung der Kommission – als ‚Leitkoordinatoren' für die Initiative für Rechtsstaatlichkeit [...]" (Rat der Europäischen Union 2010).

66 Im Original heißt es: "The development and consolidation of stable, just and open societies, adhering to international norms, is essential to bring the partnership between the European Union and Central Asian States to full fruition" (Rat der Europäischen Union 2007: 5).

67 Vgl. Human Rights Watch 2008; vgl. auch die Übersicht über alle PKA-Rechtsakte (Europa.eu 2007) und turkmenische Verträge (European Treaties Office 2008).

der zur EU. Allerdings müsse in den Bereichen Menschenrechte, Rechtsstaatlichkeit, verantwortungsvolle Staatsführung und Demokratie darüber nachgedacht werden, wie positive Entwicklungen und greifbare Resultate durch die Menschenrechtsdialoge und die Zusammenarbeit mit der EU gefördert werden können. Insgesamt seien in diesen Bereichen die Fortschritte vor Ort beschränkt geblieben; in einigen Fällen hätten sogar Rückschritte festgestellt werden müssen. Die Lage in Bereichen wie Freiheit der Meinungsäußerung und Medienfreiheit, Versammlungs- und Vereinigungsfreiheit, Gerechtigkeit der Justiz oder angemessener Raum für die Zivilgesellschaft und Teilhabe am politischen Leben habe sich nicht wesentlich gebessert (Rat der Europäischen Union 2010).

Eine institutionelle Neuerung bestand in der Einrichtung des „Forums EU-Zentralasien" auf Ministerebene. Das erste Treffen dieser Art zu Sicherheitsfragen fand am 18. September 2008 in Paris statt. Hauptthemen waren terroristische Bedrohungen und die Nichtverbreitung von Massenvernichtungswaffen, die Bekämpfung von Menschen- und Drogenhandel sowie Energiesicherheit und Umweltschutz. Im September 2009 wurde in Brüssel unter schwedischem Vorsitz eine Folge-Ministerkonferenz EU-Zentralasien über die Auswirkungen der Wirtschaftskrise sowie über Sicherheitsfragen veranstaltet (Rat der Europäischen Union 2010).

Weiter wird im Fortschrittsbericht 2010 betont, dass Menschenrechtsfragen „auch weiterhin systematisch" bei allen politischen Zusammenkünften mit den zentralasiatischen Staaten zur Sprache gebracht würden. Diese im Verhältnis zu den ursprünglich in Zentralasien verfolgten Zielen und gehegten Erwartungen eher defensive Feststellung bringt die aus EU-Sicht negative Entwicklung besonders deutlich zum Ausdruck. Die EU habe „strukturierte Dialoge" über Menschenrechtsfragen mit allen fünf Ländern Zentralasiens aufgenommen. Mehrere Runden dieser Dialoge seien bereits mit allen Ländern durchgeführt worden, „wo immer möglich flankiert von Seminaren für die Zivilgesellschaft". Welche Rückschritte bzw. mangelnde Fortschritte zu verzeichnen sind, zeigen auch die Ausführungen über Wahlen in zentralasiatischen Ländern. Im Bereich der Demokratisierung habe die EU „Projekte zur Vorbereitung umfassender Verfassungsreformen und Initiativen der Zivilgesellschaft zur Gewährleistung der Erfüllung demokratischer Standards bei Wahlen durch Reformen der Wahlgesetzgebung und Verbesserung der Wahlbeobachtung sowie die Demokratisierung der Wahlverfahren durch die Einbindung von Gewerkschaften und Körperschaften der kommunalen Selbstverwaltung unterstützt" (Rat der Europäischen Union 2010).

Westliche Staaten investieren außerdem in den Bildungssektor der zentralasiatischen Staaten. Laut dem *Entwicklungsprogramm der Vereinten Nationen* (UNDP) wurden von 2000 bis 2007 122 Unterstützungsprojekte im Wert von

1 Mrd. US-$ durchgeführt (UNDP 2008: 138). Geber waren u.a. die Asian Development Bank, United States Agency for International Development, Kreditanstalt für Wiederaufbau, Weltbank, GTZ und UNICEF (vgl. UNDP 2008: 155f). In Kasachstan unterstützten internationale Agenturen ebenfalls ab der ersten Hälfte der 1990er Jahre Erziehungs- und Ausbildungsprojekte, etwa die Europäische Kommission über die Programme TACIS und TEMPUS, der *Deutsche Akademische Austauschdienst* (DAAD), der *American Council for Cooperation in Education and Language Studies* (ACCELS), der International Research and Exchange Board (IREX), die UNESCO, UNICEF, British Council, die Eurasia Foundation und die Soros Foundation Kazakhstan (SFK). Dabei spielten nicht zuletzt die Wertevermittlung und politische Zielsetzungen eine Rolle[68]. In Almaty gibt es eine Deutsch-Kasachische Universität, deren Träger der 1999 gegründete Fonds „Deutsch-Kasachische Zusammenarbeit in der Ausbildung“ ist. Allerdings stellt diese Einrichtung bis heute „die einzige mit Deutschland verbundene Hochschule in Kasachstan und Zentralasien“ dar, unterstützt vom Auswärtigen Amt und vom DAAD (vgl. Deutsch-Kasachische Universität 2010). Die USA gründeten 1993 und fördern die American University of Central Asia in der kirgisischen Hauptstadt Bishkek, u.a. durch umfangreiche Stipendien (vgl. American Univeristy of Central Asia 2007). Auch eine Reihe anderer westlicher Agenturen kümmern sich in dem Land um den Bildungssektor[69]. Auch die EU bemüht sich um Reformen an kirgisischen Hochschulen[70].

Die insgesamt beschränkte Bedeutung, die von Seiten der EU Zentralasien zugemessen wird, zeigt sich auch in propagandistisch insbesondre von zentralasiatischer Seite herausgestellten, aber in ihren realen Dimensionen eher bescheidenen Kooperationsprojekten. Das betrifft an hervorgehobener Stelle den Transport Corridor Europe-Caucasus-Asia (TRACECA), der Europa und Mittelasien koppeln soll (vgl. European Commission). Das 1993 ins Leben gerufene Verkehrs- und Kommunikationsprojekt soll die Verbindungswege der histori-

---

68 „Priority has generally been on the inculcation of democratic values in education, management decentralization and institutional development, development and publication of new textbooks and instructional materials, and in-service training of teachers and administrators" (Asian Development Bank 2004: 32).

69 "With the dramatic cuts in public spending, the Government has encouraged the financing of education from international organizations. Organizations such as ADB, European Commission, Danida, Soros Foundation, UNDP, UNICEF, and USAID have played an important role in shaping developments in the education system since 1993" (Asian Development Bank 2004: 47).

70 „Das kirgisische Hochschulwesen soll mit EU-Fördermitteln verbessert werden. Die Reformen lehnen sich an den Bologna-Prozess an. Ziel ist vor allem die Bekämpfung von Korruption“ (Fokus Ost-Südost 2009).

schen Seidenstraße wiederbeleben. Für zehn Jahre (bis 2002) waren für 76 geplante Projekte knapp 100 Mio. US-$ vorgesehen. Davon waren allerdings nur 14 Investitionsprojekte zur Rekonstruktion der Infrastruktur, dagegen 62 Projekte darauf bezogener "technische Unterstützung" und Forschung gewidmet. Die Hälfte des Gesamtbudgets war für Maßnahmen vorgesehen, die die Idee attraktiver machen, ein günstiges Investitionsklima schaffen und die beteiligten Ländern zu mehr Kooperation anregen sollten.

Fünf Jahre nach der Initiierung fand in Baku eine Konferenz von Vertretern europäischer, südkaukasischer und zentralasiatischer Staaten mit dem Titel "Wiederherstellung der historischen Großen Seidenstraße" statt. Höhepunkt war die Unterzeichnung einer "Grundlegenden Multilateralen Vereinbarung über den internationalen Transport und die Entwicklung eines europäisch-kaukasisch-asiatischen Korridors". Unterzeichnerstaaten waren Armenien, Aserbaidschan, Bulgarien, Georgien, Kasachstan, Kirgisistan, Moldawien, Rumänien, Tadschikistan, die Türkei, die Ukraine und Usbekistan. Turkmenistan war nur bereit, sich am "Technischen Unterstützungsprogramm" des Projekts zu beteiligen, Probleme für Verkehrsverbindungen wie die Abschottung zwischen der Türkei und Armenien wurden ausgespart. Wieder zwei Jahre später, 2000, wurde in Tiflis ein „Zwischenstaatliches Komitee“ der TRACECA-Staaten gegründet, das ein Jahr später ein Ständiges Sekretariat in Baku eröffnete.

Die Transporte auf TRACECA-Verbindungen stiegen vor allem wegen der zunehmenden Hilfsgütertransporte von Europa nach Afghanistan in der zweiten Hälfte der 1990er Jahre und ab 2002 infolge des anschwellenden Bedarfs nach der Besetzung Afghanistans durch ausländische Truppen und der vielfältigen Aktivität von Staaten, internationalen Organisationen und NGOs beim Versuch, das Land zu befrieden und zu konsolidieren.

2008 wurde im kirgisischen Bischkek ein "Aktionsplan für die Implementierung der TRACECA-Strategie für die Entwicklung des europäisch-kaukasisch-asiatischen Transportkorridors bis 2015" verabschiedet, der "die Wettbewerbsfähigkeit und Attraktivität des TRACECA-Korridors" steigern helfen sollte, nachdem die Strategie selbst und die "Grundlegende Vereinbarung" bis dato nur unzureichend Erfolg hatten (vgl. z.B. Baran 2002).

Ähnliches gilt für das EU-Projekt Interstate Oil and Gas Transportation to Europe (INOGATE), das 1995 ins Leben gerufen wurde (vgl. INOGATE). INOGATE-Partnerstaaten sind Armenien, Aserbaidschan, Belarus, Georgien, Kasachstan, Kirgisistan, Moldawien, die Türkei, Turkmenistan, die Ukraine, Usbekistan und Tadschikistan; Russland hat Beobachterstatus. Das Kooperationsprogramm hat ein Sekretariat in Kiew und ein regionales Büro in Tiflis. Es geht um die „Erhöhung von Energiesicherheit“, die Angleichung der Energiemärkte in den Partnerländern an europäische Standards und die Integration dieser Märkte mit Europa, die Entwicklung nachhaltiger Energieprogramme und um die Erhöhung der Attraktivität von Investitionen in diesen Bereich. Finanziert wird das Programm von der Europäischen Nachbarschafts- und Partnerschaftspolitik[71].

So begrüßenswert diese Initiativen sind, um stärkere Verbindungen zwischen Europa, dem Kaukasus und Zentralasien zu schaffen, so begrenzt sind sie in ihrer Reichweite und in ihren praktischen Konsequenzen.

4.4 Zwischenfazit

Die Handelsströme der einzelnen zentralasiatischen Länder entwickelten sich auf der Importseite eher homogen: Alle zentralasiatischen Länder beziehen ihre Güter hauptsächlich aus erstens Russland und zweitens China, wobei chinesische Firmen, vor allem wenn es um Konsumgüter geht, ihre Positionen dramatisch ausbauen konnten. Auf der Exportseite dagegen entwickelte sich der Handel sehr unterschiedlich. Hervorstechend ist aber, dass die EU-Länder – hier macht die regionale Inklusion sowohl unter dem Aspekt der gemeinsamen Außenhandelspolitik als auch hinsichtlich der regionalen Orientierung bzw. Differenzierung des Außenhandels zentralasiatischer Länder Sinn – alle anderen Handelspartnern der zentralasiatischen Länder überholt haben und bei Weitem an der Spitze liegen[72]. Einschränkend ist wiederum anzumerken, dass der größte Teil der Steigerung des Außenhandels Zentralasiens auf die positive Wirtschaftsentwicklung Kasachstans und die vergleichsweise stark auf Weltmarktintegration gerichtete Politik der kasachischen Führung zurückzuführen ist.
Stellt man allerdings den ökonomischen Austausch der „Großmächte" USA und EU mit Zentralasien in den Kontext ihres gesamten Handelsvolumens und der Entwicklung ihres Außenhandels, dann stellt für diese Akteure die zentralasiatische Region zwar einen Wachstumsmarkt dar, ist aber nicht nur für China und Russland, sondern auch für den Westen ein Faktor, der nicht gravierend ins Gewicht fällt. Wirklich bedeutsam als Handelsfaktor – das sei an dieser Stelle noch einmal betont – ist unter den zentralasiatischen Staaten ohnehin nur Kasachstan[73].

71 Zu diesem Thema finden sich eher nur kurze Beschreibungen als ausführliche Bewertungen, z.B. Brummer, Klaus, Weiss, Stefani: Europa im Wettlauf um Öl und Gas, Bertelsmann Stiftung, 2007.

72 Siehe Tabelle 14 „Hauptexport- und Hauptimportpartner zentralasiatischer Länder 2009 und 2008" im Anhang.

73 Siehe die Grafiken Nr. 10-14 zum Handel zentralasiatischer Ländern mit Großmächten im Anhang.

Die insgesamt positive Bewertung ihrer Zentralasienpolitik seit 2007 durch die Europäische Union wird von ExpertInnen-Seite in der Hauptsache bestätigt. Es seien konkrete Leuchtturmprojekte initiiert, der Etat verdoppelt und Dialoge begonnen worden. Von denjenigen, die zivilgesellschaftliche Aspekte betonen, wird allerdings nach wie vor Kritik an der ihrer Meinung nach zu geringen Betonung der Themen Demokratie und Menschenrechte geübt. Der Zugang zu Energieressourcen sowie zu Afghanistan habe – so die Kritik – immer noch Vorrang vor zivilgesellschaftlichen Themen (vgl. Eschment 2009). Kritik wurde unter anderem von Human Rights Watch an der Übertragung des Vorsitzes der OSZE an Kasachstan für 2010 geübt, weil das Land erhebliche Menschenrechtsdefizite aufweise (vgl. Human Rights Watch 2008). Die Begründung der OSZE für diese Entscheidung war eher auf eine Zukunftserwartung gerichtet gewesen; sie sah diesen Schritt für Kasachstan als „einmalige Chance [...], Brücken zu schlagen und den Zusammenhalt in dieser ehrwürdigen Organisation zu festigen“ (Abdrachmanow 2010)[74]. Der deutsche Bundestagsabgeordnete Manfred Grund (CDU/CSU) wertete den kasachischen Vorsitz als ‚doppelte Chance’ für die OSZE und Kasachstan. Auch der Leiter des Referates Südlicher Kaukasus und Zentralasien im Auswärtigen Amt, Johannes Regenbrecht, unterstrich, die OSZE könne sich zum „zentralen Dialog-Forum“ zwischen Ost und West weiterentwickeln. Diese sei schließlich keine „westliche Kontrollinstitution“ (Frankfurter Rundschau 2009).

Das Ergebnis des kasachischen Vorsitzes 2010 war aber ernüchternd. Präsident Nasarbajew hatte erfolgreich gedrängt, nach elfjähriger Pause wieder einen OSZE-Gipfel zu veranstalten – quasi als Krönung kasachischer Politik auf internationaler Bühne. Gegen den Widerstand vieler Akteure, vor allem von Menschenrechtsgruppen, rangen sich die wichtigsten Mitglieder der OSZE zu einem positiven Votum durch. Anfang Dezember fand der Gipfel in Astana statt; die von der Staatsführung gelenkten Medien stellten das Ereignis als persönlichen Verdienst des Präsidenten und als Beweis der internationalen Anerkennung und Wertschätzung seiner Person sowie der überragenden Stellung Kasachstans in der Weltpolitik heraus. De facto war schon vorher absehbar gewesen, dass es zwischen den westlichen und östlichen Mitgliedsländern hinsichtlich der künftigen Ausrichtung der OSZE zu keiner Einigung kommen würde. Die geplante

74 Vgl auch das Interview der Tageszeitung mit dem FDP-Politiker Michael Link: „taz: Was bedeutet es für die OSZE, dass Kasachstan die Präsidentschaft übernimmt? Link: Als man vor zwei Jahren über den Vorsitz entschied, hat Kasachstan versprochen, die OSZE-Standards einzuhalten, und zugesagt, das Wahlrecht zu reformieren und die Menschenrechte einzuhalten. Man wird jetzt sehen, ob Kasachstan diese Zusagen einhält. Wenn es dies nicht tut, wird es schwerlich eine erfolgreiche Präsidentschaft werden“ (Die Tageszeitung 2010).

Verabschiedung eines Aktionsplans zur Lösung internationaler Konflikte scheiterte ebenso wie eine Übereinkunft über ein beabsichtigtes Strategiepapier zur Reform der Organisation (vgl. Spiegel 2010).

Resümieren lässt sich, dass die politischen und zivilgesellschaftlichen Ziele, die der Westen in Zentralasien nach der Unabhängigwerdung der fünf ehemals sowjetischen Republiken verfolgt hat, in einem nur geringen Ausmaß realisiert werden konnten. In dem Maße, wie sich autokratische Regime etablierten und festigten, stieg auch das Selbstbewusstsein der Machthaber in den jeweiligen Ländern. Da für den Westen nach „9/11" sicherheitspolitische Zielsetzungen Vorrang hatten und nach der Invasion in Afghanistan eine zunehmende Abhängigkeit von der Nutzung militärischer Einrichtungen in Zentralasien entstand, gewannen die respektiven Regime zusätzlichen Spielraum und zusätzliche außenpolitische Druckmittel. Vor diesem Hintergrund oszillierte die westliche Politik zwischen auf Demokratisierung gerichteten Bemühungen und Sicherheitsanliegen geschuldeten Konzessionen, mit zunehmender Neigung zu letzteren.

Diverse internationale Organisationen, in die der Westen die zentralasiatischen Länder einbinden und hierüber zusätzlich beeinflussen wollte, wurden umgekehrt von den Regimen in Zentralasien zur eigenen internationalen Aufwertung und zur innenpolitischen Profilierung und Legitimitätsgewinnung genutzt. Die „Internationalisierung" der Kommunikation hatte vielfach nur zur Wirkung, dass die Argumentationsmuster der respektiven Regime flexibler im Sinne einer Anpassung an demokratische und integrative Rhetorik wurden. Zugleich war Zentralasien in der Realpolitik unter ökonomischen Aspekten trotz einer immer wieder im Diskurs betonten „zentralen Bedeutung" der Demokratisierung dieser Länder sowie eines angeblich stattfindenden *Great Game* nicht so wichtig, dass den ursprünglich in Zentralasien verfolgten Zielen mit hoher Intensität und finanziellem Einsatz stärker Nachdruck verliehen worden wäre. Ohnehin konterkarierten die aus sicherheitspolitischen Gründen gewährten politischen wie finanziellen Zugeständnisse an die autoritären Regime nicht nur externe Bemühungen auf dem Gebiet des „Demokratieexports", sondern auch die Glaubwürdigkeit derartiger Anstrengungen in den respektiven Ländern.

5. Intraregionale Kooperation in Zentralasien

Die zentrale Fragestellung des nachfolgenden Kapitels ist, wie sich die Beziehungen der zentralasiatischen Staaten untereinander entwickelt haben. Diese Frage wird hier ebenfalls vor dem Hintergrund der – aus teilweise divergierenden Gründen – von allen internationalen Akteuren verfolgten Politik einer Verstärkung der regionalen Kooperation und Integration diskutiert. Sowohl die USA als auch Russland, China und die EU sahen und sehen eine intensivierte intraregionale Zusammenarbeit als eine Vorraussetzung für die Schaffung – partiell unterschiedlich definierter – regionaler Stabilität. Dabei werden nachfolgend wiederum vor allem zwei Dimensionen berührt: die ökonomische und die außen- und sicherheitspolitische Kooperation.

5.1 Historische Gemeinsamkeiten und Unterschiede

Unter kulturellen Gesichtspunkten scheinen die Voraussetzungen für eine stärkere Integration des zentralasiatischen Raums durchaus gegeben zu sein. Die nationalen Sprachen sind allesamt (bis auf Tadschikisch) Turksprachen, so dass Kommunikation relativ unproblematisch ist. Die Länder und Bevölkerungen haben einen ähnlichen kulturellen Hintergrund und verfügen zumindest über eine gemeinsame sowjetische Geschichte und daraus resultierende, geteilte Erfahrungen. Ihre gesellschaftlichen und ökonomischen Mentalitäten und Praktiken sind vielfach ähnlich. Aus vorsowjetischer Zeit existieren starke Verbindungen und Parallelen zwischen einigen Völkern. Sie teilten nicht nur einen gemeinsamen Kulturraum, sondern es gab auch auf Einigung gerichtete politische Ambitionen. Um die Wende zum 20. Jahrhundert wurden in intellektuellen Kreisen Ideen und Vorstellungen über die Errichtung eines gemeinsamen Staatsgebildes aller zentralasiatischen Turkvölker – Turkestan – ventiliert (vgl. List 2004: 121). Als einziges der zentralasiatischen Länder hat Tadschikistan starke kulturelle, ethnische und linguistische Affinitäten zum Iran. Freilich waren historisch auch die Unterschiede und Bruchlinien zwischen nomadischen und sesshaften Völkern, die in verschiedener Hinsicht auch unterschiedliche Kulturen und Lebensweise herausbildeten, evident.

Ein weiteres verbindendes Element ist noch vorhanden, wird allerdings auch schwächer. In allen Ländern der ehemaligen UdSSR blieb nach deren Zerfall Russisch die Verkehrssprache. Doch seit der Unabhängigkeit wird das Bemühen stärker, die eigene nationale Sprache – und damit die Abgrenzung nicht nur vom Russischen, sondern auch die Unterschiede zu den benachbarten Turksprachen – zu fördern sowie auch hierüber eigene nationale Identitäten aufzubauen und eigene nationale historische Wurzeln zu suchen. Die Entwicklungen und die Kulturpolitiken der vergangenen zwei Jahrzehnten lassen deutlich werden, dass das Einschlagen eigenständiger Entwicklungswege eindeutige Priorität vor der Wiederbelebung kultureller und politischer Gemeinsamkeiten besitzt (vgl. Dieter 1996; List 2004: 122). Darüber hinaus ist in den zentralasiatischen Staaten (v.a. in Tadschikistan aufgrund der kulturellen, ethnischen und linguistischen Nähe zum Iran) ein mit der neuen Identitätssuche verbundenes Aufkommen des Islam zu beobachten, wenngleich die Praxis vor allem in den Großstädten und unter den Eliten durch den nachwirkenden Säkularismus der Sowjetzeit und vor allem von der Jugend übernommene kulturelle Muster aus dem Westen gebrochen ist.

Eine Gemeinsamkeit aller fünf zentralasiatischer Staaten stellt dar, dass sie keinen direkten Zugang zum offenen Meer haben. Dies schränkt die wirtschaftlichen Austauschmöglichkeiten, den Handel und die Partizipation an der Weltwirtschaft ohnehin ein. Wenn es um Außenwirtschaftskooperation geht, wäre der Aufbau einer gemeinsamen Infrastruktur eine grundlegende Voraussetzung, um die nationalen Wirtschaften zu beleben. Eine andere Bedingung wären kompatible legale Strukturen für einen solchen Austausch. Dies setzt freilich als dritte Voraussetzung einen gemeinsamen politischen Willen voraus, solche Strukturen zu etablieren.

Zwar weist die Region auch diesbezüglich historische Erfahrungen auf; diese liegen allerdings schon mehrere Jahrhunderte zurück. Die so genannte Seidenstraße verband die Region untereinander und mit dem Rest der Welt. Aber schon lange vor der Eroberung durch das zarische Russland hatte diese Handelsstraße ihre einstige Bedeutung eingebüßt, als die Entdeckung neuer Seewege den asiatisch-europäischen Handel florieren ließ und die Landverbindung vergleichsweise unrentabel wurde.

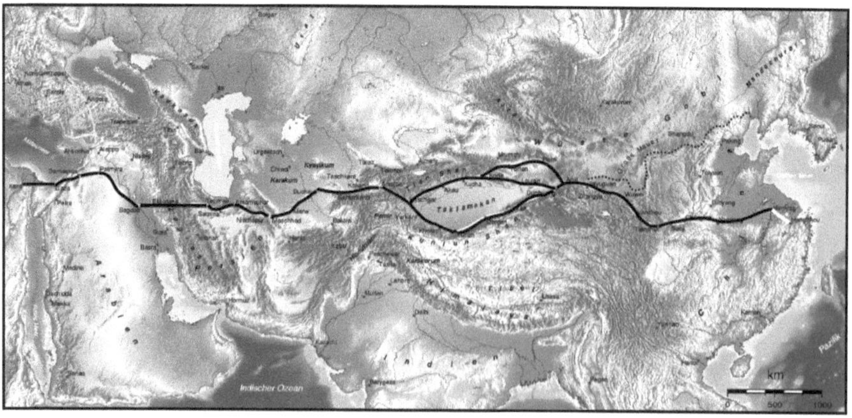

Karte 2: Routen der Seidenstraße

Die Etablierung der Sowjetmacht und die damit verbundene Einführung einer spezifischen Wirtschaftsstruktur im Rahmen langfristiger Planungen hatten in Bezug auf die zentralasiatischen Republiken zur Folge, dass Verkehrswege hauptsächlich in Nord-Süd-Richtung geschaffen wurden, wo dies zum Transport von Wirtschaftsgütern notwendig war. Für die Sowjetunion war Zentralasien einerseits ein gewaltiges Entwicklungsprojekt. Es wurde massiv in die Infrastruktur, die Bildung und die Verbesserung der Lebensbedingungen investiert. Typisch für die sowjetische Ökonomie und nicht zuletzt im unterentwickelten Osten des Landes und den Ländern Zentralasiens war eine im großen Stil angelegte Arbeitsteilung, die andererseits die negativen Seiten des sowjetischen Wirtschaftsmodells zur Wirkung brachte. Im Vergleich zur Schwerindustrie blieben auch in den zentralasiatischen Republiken die Konsumgüterindustrie und der Dienstleistungssektor wenig entwickelt. Die Region wurde zu einem Produzenten von Rohstoffen, die vor allem in die westlichen Teile der Sowjetunion geliefert wurden. Umgekehrt wurden von dort vor allem Fertigprodukte importiert. Insbesondere Usbekistan, aber auch andere Teile Zentralasiens wurden zum Produzenten von Baumwolle gemacht, die große Teile der sowjetischen Textilindustrie zu versorgen hatte[75]. Dabei wurden natürliche Lebensgrundlagen zerstört; das sichtbarste und schwerwiegendste Problem ist die Austrocknung des Aral-Sees. Ein Großteil der Zuflüsse (insbesondere des Amurdarja im Süden) wurde und wird nach wie vor für Baumwollfelder abgeleitet[76]. Aus Kasachstan kamen wesentliche Mengen des für die atomare Entwicklung der Sowjetunion wichtigen Urans[77].

Zwar gab es aufgrund der gemeinsamen Wirtschaftsstrategie und der Integration Zentralasiens in den von Moskau gesteuerten gesamtsowjetischen Wirtschaftsraum eine gewisse Homogenisierung der strukturellen Bedingungen

75 Die tadschikische SSR war ein anderes Beispiel: 90 Prozent ihrer Baumwollfaser-, 80 Prozent ihrer Baumwollstoff- und ca. 70 Prozent der Baumwollölproduktion, fast sämtliche Buntmetallerze (Konzentrate), 80 Prozent ihrer Seidenstoffe, 50 Prozent ihrer Kohle, mehr als 50 Prozent ihrer Obst- und Gemüsekonserven, 90 Prozent ihres Dörrobstes und etwa 70 Prozent ihres Weines exportierte sie 1962 in andere Teile der Sowjetunion (vgl. Lewytzkyj 1970: 329).

76 Hauptexportgut Usbekistans war und ist nach wie vor Baumwolle (jährliche Produktion zwischen 1980 und 1989: durchschnittlich 1.583.000 Tonnen) (vgl. Apelt 2008: 10; International Advisory Committee 2002; vgl. auch ICC 2005: 1). Auch heute noch ist Usbekistan der zweitgrößte Baumwollexporteur der Welt (vgl. Deutsche Unesco-Kommission e.V. 2010).

77 „Kasachstan verfügt über etwa 20% der weltweiten Uranvorkommen, was bereits zu Sowjet-Zeiten zu intensiver Nutzung führte. Die Steppe Kasachstans wurde von 1949 bis 1989 ‚genutzt', um etwa 500 atomare Testbomben, rund ¼ aller weltweiten Atomtests […] zur Explosion zu bringen" (Global Defence.net 2010b).

und hierüber ein Zusammenwachsen auch der zentralasiatischen Region. Doch diese Verflechtung war, wie schon erwähnt, wegen der hierarchischen Beziehungen der vom Kreml verfolgten Zu- und Verteilungspolitik weniger horizontal als vertikal. Die sowjetfeindliche internationale Umwelt einerseits, die lang währende Autarkiepolitik der Sowjetunion andererseits, die sich erst ab den späten 1950er Jahren in einem beschränkten Ausmaß änderte, führten dazu, dass die Region nach außen relativ isoliert blieb und auch untereinander eher schlecht verbunden war. Zu Sowjetzeiten hatte Moskau die industrielle, infrastrukturelle und auf Ausbildung und Höherqualifizierung gerichtete Entwicklung in der Region massiv finanziell, mit Knowhow und Personal unterstützt. Insbesondere in den 1970er Jahren waren beachtliche Erfolge beim Aufbau der sozialen Infrastruktur erzielt worden. Flächendeckende medizinische Versorgung und garantierte soziale Absicherung haben den Gesundheits- und Lebensstandard der ZentralasiatInnen deutlich erhöht. Bis 1989 wurde der Anteil der AnalphabetInnen an der erwachsenen Bevölkerung auf weniger als drei Prozent gesenkt (vgl. Gumppenberg 2007)[78].

Nach dem Ende der UdSSR wurden viele der „sowjetischen Errungenschaften" abgebaut. Die zentralasiatischen Regierungen nahmen drastische Kürzungen in den staatlichen Budgets vor – mit dramatischen Auswirkungen auf das Gesundheits- und Bildungswesen. Leistungen und Versorgungsansprüche wurden reduziert oder entzogen und Gebühren für den sozialen Dienstleistungssektor erhoben. Medizinische Versorgung wurde kostenpflichtig. Bildung entwickelte sich zu einer "Luxusware". Die Zahl der AnalphabetInnen stieg an[79]. Der Staat zog sich teilweise aus dem Arbeitsmarkt zurück. Staatsbetriebe wurden geschlossen oder privatisiert – mit nachhaltigen Folgen gerade für die Bevölkerung in den "company towns", also Städten, deren Funktionsfähigkeit vom Bestehen eines einzigen Großbetriebes abhängig war. Gleichzeitig wurden innerhalb des Verwaltungs- und Regierungsapparates Stellen abgebaut. Die freigesetzten Arbeitskräfte fanden oft keine Beschäftigungsalternativen. Viele wanderten ab oder suchten sich eine Tätigkeit im Billiglohnbereich. Die Arbeitslosenrate stieg an (offiziell auf bis zu zehn Prozent). Experten gehen in manchen Staaten jedoch von einer verdeckten Arbeitslosigkeit – inklusive Überbeschäfti-

---

78 Siehe Tabelle 21 im Anhang.

79 AnalphabetInnen anteilig an der Gesamtbevölkerung: Kazachstan: 0,4 (HDI 2009); 0,5 (CIA 1999); 0,2 (m) bzw. 0,7 (f) (UN 1999). Turkmenistan: 0,5 (HDI 2009); 1,2 (CIA 1999); 0,7 (m) bzw. 1,7 (f) (UN 1995). Tadschikistan: 0,4 (HDI 2009); 0,5 (CIA 2000); 0,3 (m) bzw. 0,7 (f) (UN 2000). Kirgisistan: 0,7 (HDI 2009); 1,3 (CIA 1999); 0,7 (m) bzw. 1,9 (f) (UN 1999). Usbekistan: 3,1 (HDI 2009); 0,7 (CIA 2003); 0,4 (m) bzw. 1,1 (f) (UN 2000-2004; Human Development Reports 2009; CIA 2010b; United Nations Statistics Division 2005.)

gung – von 30 Prozent und mehr aus. Viele Arbeitslose suchten Jobs in Russland. Das gilt und galt insbesondere für Kirgisistan und Tadschikistan, die als „Armenhäuser Zentralasiens" gelten, und die stellenweise Arbeitslosenraten von 70 Prozent aufweisen. Geschätzt wird, „dass rund zehn Prozent der erwerbsfähigen tadschikischen Bevölkerung in Russland arbeitet, wo das Lohnniveau etwa fünfmal so hoch ist" (Warkotsch 2006)[80]. Aber auch Kasachstan, das ökonomisch erfolgreichste Land in Zentralasien, wurde zu einer erstrangigen Destination für Arbeitssuchende (vgl. Eurasianet.org 2009b). Andererseits hat vielfach noch keine Privatisierung stattgefunden. Wo dies der Fall ist, herrscht oft nach wie vor ein weitgehend unproduktives Wirtschaften vor.

Das Ausbleiben der Subventionen stellte gerade ärmere Republiken wie Kirgisistan und Tadschikistan vor gewaltige Probleme. Dazu kam die massiv einsetzende und auch 20 Jahre nach dem Umbruch keineswegs beendete Abwanderung gerade qualifizierter und engagierter Kräfte; einerseits wegen des Niedergangs der Wirtschaft, andererseits wegen einer Nationalisierungspolitik, die von früher dominierenden Eliten, die ohnehin mit der Unabhängigwerdung der Republiken zu ethnischen Minderheiten geworden waren, als Diskriminierung empfunden wurde[81].

Somit kam es in den 1990er Jahren zu einer „Vereinfachung" der Exportstruktur bzw. zu einer Perpetuierung dieser Struktur einerseits und zu einer zumindest partiellen „West-Orientierung", soweit es den Handel betraf – aber auch im Zusammenhang mit politischen Bemühungen um „Demokratisierung" in der Region und damit verbundenen Anstrengungen der Vertiefung des wirt-

---

80 "It is estimated that approximately 800,000 Tajiks were working in Russia in 2009, over 10% of Tajikistan's population of approximately 7 million. Most of the labor migrants are men and work in construction industry or in other low-skilled, often seasonal, jobs" (Ganguli 2009: 1). Im Jahr 2008 waren insgesamt 10,239 Mio. AusländerInnen in Russland als GastarbeiterInnen tätig. Die UkrainerInnen machten mit über 3,5 Mio. den Löwenanteil aus (NRCU 2009). Vgl. auch Zimmer 2007: 7.

81 Anzumerken ist an dieser Stelle, dass die westliche Begriffsbildung und die Definition von Minderheiten für die ethnischen Gegebenheiten in Zentralasien nur beschränkt anwendbar und z. T. irreführend ist. Ethnisch-religiöse Zuschreibungen betreffen in weiten Teilen Zentralasiens soziale Verhaltensmuster, die mit dem inhärenten Exklusionsprinzip des westlichen Minderheitenbegriffs und der damit oft verbundenen politischen Problematik wenig zu tun haben. Freilich stellt sich die Frage, ob im Zuge der postsowjetischen Staats- und Nationsentwicklung und der damit induzierten „Titularnationalisierung" eine Tendenz zur Minderheitenbildung im westlichen Sinne gefördert wird. Migrationsbewegungen bestimmter Bevölkerungsgruppen und Diskriminierungen aufgrund ethnischer Zugehörigkeit (wie etwa von TadschikInnen und UsbekInnen in Kasachstan) können diesbezüglich als Indizien angesehen werden. – Timur Dadabaev bin ich für auf die Minderheitenproblematik bezogene gedankliche Anregungen verbunden.

schaftlichen Austausches – andererseits. Beispielhaft hierfür steht Tadschikistan. Nach der Unabhängigwerdung änderte sich die Richtung des tadschikischen Außenhandels beträchtlich. Anfang der 1990er Jahre fanden noch 85% des Außenhandels mit anderen Ländern der ehemaligen Sowjetunion statt. Doch nach Zerreißen der herkömmlichen ökonomischen Beziehungen und dem Zusammenbruch des Zahlungssystems sah sich Tadschikistan gezwungen, neue Märkte zu erschließen und bevorzugte hierbei westeuropäische Staaten mit Bedarf an Aluminium und Baumwolle. Das Ergebnis war, dass der Anteil von Nicht-GUS Staaten am tadschikischen Außenhandel zwischen 1994 und 1997 auf 50 bis 70 Prozent wuchs (vgl. Trade and Investment Division 2001: 256f.).

5.2 Wirtschaftskooperation

Wie aus nachstehender Grafik zu entnehmen ist, entwickelt sich unter Wachstumsaspekten vor allem Kasachstan positiv. Seit einigen Jahren verzeichnen allerdings (mit kurzen partiellen Einbrüchen) alle zentralasiatischen Länder vergleichsweise hohe Wachstumsraten (siehe Tabelle Nr 22). Insgesamt weisen nach einem dramatischen Einbruch in der Wirtschaftsleistung infolge des Zusammenbruchs der Sowjetunion seit 1998/99 alle fünf Länder positive Wachstumsraten auf.

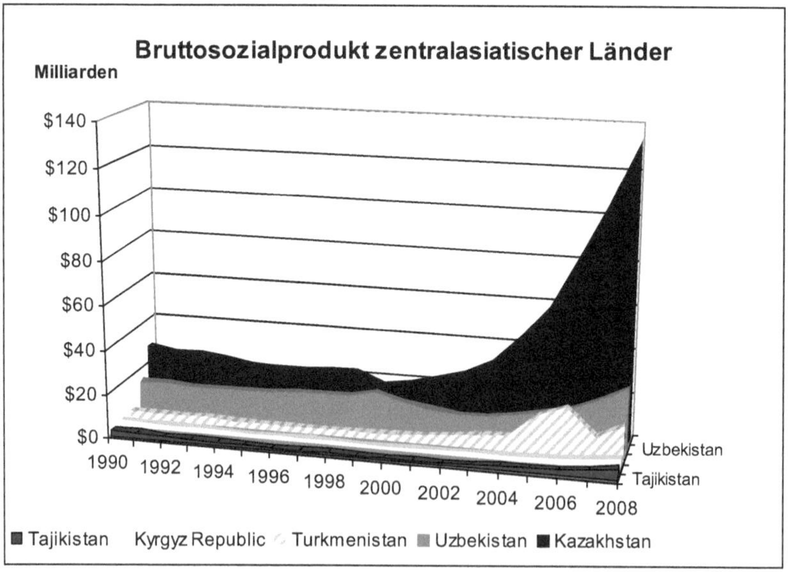

Grafik 5: Bruttosozialprodukt zentralasiatischer Länder - 1990-2008 (in Mrd. US-$). Quelle: Weltbank 2010a

Infrastrukturmaßnahmen, die seit der Unabhängigkeit initiiert wurden (Straßen-, Schienen- und Pipelineprojekte), bedienen sich oft der Vision der Wiederherstellung der alten Seidenstraße. Einige Regionalorganisationen (GUUAM/GUAM und ECO) setzen einen Schwerpunkt in diesem Bereich, und einige Erfolge wurden bereits erzielt. Doch schon mit Blick auf die nunmehr in einem höheren Maße der internationalen Konkurrenz ausgesetzte Regionalentwicklung wären immense Investitionen in Ausbau und Instandhaltung bereits existierender Transportwege und die Erschließung neuer notwendig. Politisch kommt erschwerend hinzu, dass einige der zentralasiatischen Staaten (vor allem Usbekistan) ihre Grenzregime verschärft und Handelsbarrieren errichtet haben (vgl. List 2004: 123; Bohr 2004).

Ein Erbe der historischen und auch in der Zeit der Industrialisierung und des Aufbaus der Infrastruktur in der Sowjetunion nicht überwundenen Entwicklung sind die mangelnde Diversifikation und die unterentwickelten regionalen Handels- und Wirtschaftsbeziehungen, die eine regionale Kooperation und Verflechtung – wiederum eine Voraussetzung für Exportspezialisierung – erleichtern würden. Ein wichtiger Grund für mangelnde Fortschritte bei der Integration ist die Ähnlichkeit der Wirtschaftsstruktur, die aus der Spezialisierung im Rahmen der Sowjetunion und des RGW folgte.

Eigentlich verfügen die einzelnen Staaten über relativ unterschiedliche Rohstoffvorkommen. Hypothetisch könnte die in diesem Sinne existente natürliche Komplementarität erweitert werden, wenn in regionaler Kooperation verarbeitende Industrien geschaffen würden. Doch in vielen Bereichen ist in den zwei Jahrzehnten seit der Unabhängigkeit dieser Länder eher das Gegenteil der Fall gewesen. Erstens gab es nach dem Zusammenbruch der sowjetischen Wirtschaft und des RGW einen dramatischen Wirtschaftseinbruch. Er konfrontierte größere Teile der Bevölkerungen dieser Länder mit Armut, Arbeitslosigkeit und Perspektivlosigkeit[82]. Da die Machthaber und ihre Clans eher an Machterhaltung und eigener Souveränität als an wirtschaftlicher und politischer Kooperation mit den Nachbarstaaten und mit Russland interessiert waren, erlebten diese Staaten bis etwa 2000 einen massiven wirtschaftlichen Abschwung. Nur Kasachstan, das

82 Verlässliche und vergleichbare Daten zu finden erweist sich als schwierig. Als Indikator für die Verbreitung von Armut können Angaben der Weltbank hilfreich sein, die den Anteil von Menschen, der von weniger als 2 US-$ am Tag leben muss, in Bezug auf die hier interessierenden Länder im Jahre 2003 wie folgt quantifizierte: Tadschikistan 50,8%, Turkmenistan 44%, Usbekistan 44,2%, Kirgisistan 34,1%, Kasachstan 15,3% (List 2004: 27, Kubicek 1997). Dass sich die Armutslage in den vergangenen zehn Jahren verbessert hat, zeigen neuere Zahlen von 2007 für Kasachstan: 2,0% und Kirgisistan: 27,5%. Allerdings gibt es keine Angaben für die anderen Staaten (vgl. Weltbank 2010b).

über besonders große Ölvorkommen verfügt, hebt sich vom dramatischen Niedergang der anderen zentralasiatischen Volkswirtschaften positiv ab. Zweitens bewirkte der Rückfall in sultanistische Herrschaftsmuster (siehe weiter unten) eine Ausrichtung der Wirtschaft, die in vieler Hinsicht weder marktfreundlich noch kompetitiv noch auf regionale und internationale Kooperation und Integration gerichtet war. Und drittens verstärkten die vorgenannten Faktoren den Tatbestand, dass die Eliten derjenigen Länder, die Rohstoffe zu für sie günstigen Preisen auf den Weltmarkt bringen konnten – vor allem Öl und Gas –, zu typischen Rentierwirtschaften wurden, denen die Verteilung kurzfristigen Wohlstands für sich und ihre Klientel wichtiger war als nationale Entwicklungs- und regionale Kooperations- oder Integrationsprojekte. Soweit möglich, werden Baumwolle, Öl und Gas auf dem Weltmarkt verkauft – zu Preisen und mit Gewinnen, die das Interesse an regionaler Kooperation an nachgeordnete Stelle rückt (Kembayev 2006: 9 – 10).

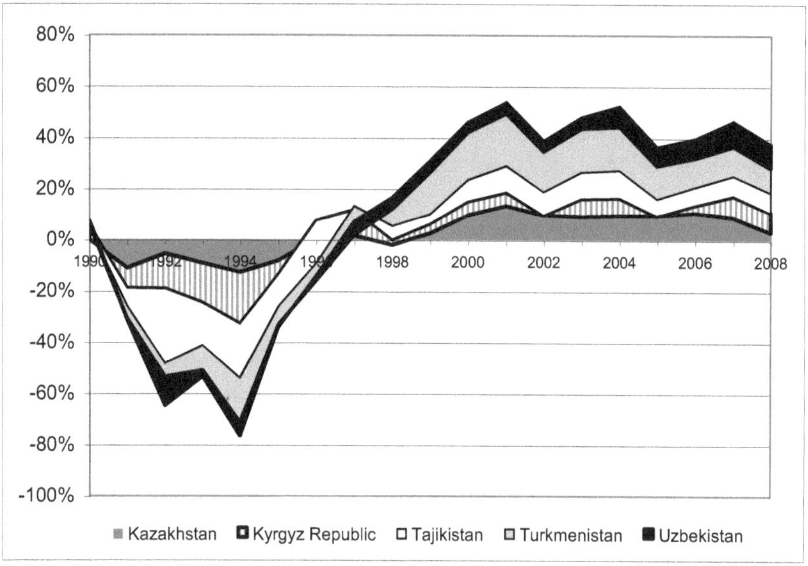

Grafik 6: GDP GrowthCentral Asia (annual % domestic prices). Quelle: Weltbank 2010a[83]

83 Werden Angaben umgerechnet in den je aktuellen Dollarkurs zugrunde gelegt, kommt es durch teils gravierende Währungsschwankungen in einigen Jahren zu BIP-Veränderungen von bis zu 60 Prozent (etwa Turkmenistan von 2007 auf 2008). Diese Berechnungsbasis kann helfen, Veränderungen in der Wettbewerbsfähigkeit zum US-Dollar

Der Handelsaustausch untereinander nahm nach 1991 drastisch ab und hat sich auf einem relativ niedrigen Niveau eingependelt (List 2004: 123). Erst ab 2000 stabilisierte sich die Wirtschaft, v.a. in Usbekistan und Kasachstan und v.a. aufgrund der teilweise üppigen Rohstoffvorkommen. Seitdem ist in fast allen Ländern Zentralasiens ein wirtschaftlicher Aufschwung (in Kasachstan und Usbekistan von etwa acht Prozent jährlich) zu verzeichnen (Collins 2002; 2003).

Wie aus Tabelle 14 hervorgeht, spielen im Wirtschaftsaustausch jedoch die zentralasiatischen Nachbarn für alle zentralasiatischen Länder eine völlig untergeordnete Rolle. Auf der Exportseite haben sich diese Länder vor allem in Bezug zu westlichen Volkswirtschaften in einem hohen Maße diversifiziert. Beim Import stehen Russland und China unangefochten auf den ersten Plätzen, und zwar in allen zentralasiatischen Staaten bis auf Turkmenistan.

Tab. 14: Hauptexport- und Hauptimportpartner zentralasiatischer Länder 2009 und 2008 (in Prozent)

	Haupt-Exportpartner 2009 (2008)	**Haupt-Importpartner 2009 (2008)**
KAZ	China 16,34 (13,5); France 9,23 (5,7); Germany 8,32 (10,6); Russia 6,9 (12,0); Ukraine 5,52 (5,4); Romania 5,25 (6,6); Italy 5,12 (6,9); US 4,34; (Turkey 4,1)	Russia 28,5 (35,9); China 26,72 (24,3); Germany 6,59 (6,0); Italy 5,58; Ukraine 4,8 (4,5)
KIR	Switzerland 25,96 (27,2); Russia 25,88 (19,2); Uzbekistan 15,72 (14,3); Kazakhstan 12,47 (11,4); (France 6,7)	China 57,03 (17,9); Russia 19,34 (36,6); Kazakhstan 5,9 (9,2); (Germany 8,2)
TAJ	Russia 19,16 (8,6); China 18,38 (5,7); Turkey 12,09 (26,5); Iran 11,11 (6,6); Uzbekistan 7,92 (5,1); Norway 6,17; Greece 4,32	Russia 23,92 (32,3); China 23,74 (11,9); Kazakhstan 8,92 (8,8); Turkey 4,96; Uzbekistan 4,73 (4,7)
TUR	Ukraine 22,3 (51,7), Turkey 10,27; Poland 6,16 (10,0); Hungary 6,75 (8,1); UAE 6,25; Afghanistan 5,79; Iran 5,17	China 18,3 (16,9); Turkey 16,49 (14,0); Russia 16,34 (15,9); Germany 5,91 (5,6); UAE 5,81 (10,3); Ukraine 5,67 (7,8); USA 5,41; France 4,32 (Iran 5,1)
UZB	Ukraine 29,91 (27,3); Russia 13,94 (19,6); Turkey 7,3 (7,5); Kazakhstan 7,26 (5,9); Bangladesh 6,83 (5,0); China 5,69 (4,3); South Korea 4,19; (Japan 4,1)	Russia 23,72 (24,7); China 20,36 (15,4); South Korea 13,03 (13,6); Germany 6,09 (5,5); Ukraine 5,39 (7,2); Kazakhstan 4,68 (4,9); (Turkey 4,1)

Daten aus: CIA 2008; CIA 2009

wiederzuspiegeln, jedoch nicht die reale Wirtschaftsentwicklung der jeweiligen ZA-Staaten. Mit Blick auf diesen Sachverhalt wird in der Grafik die prozentuelle Veränderung pro Jahr in der jeweiligen heimischen Währung wiedergegeben. – Zu genaueren Zahlenangaben siehe Tabelle Nr. 22 im Anhang.

SOZ auf diesem [sicherheits- und militärpolitischen] Gebiet, von der gewünschten Symbolwirkung auf internationaler Ebene abgesehen, vor allem auf Binnenwirkung und stellt damit zugleich den kleinsten gemeinsamen Nenner der auch in diesem Teilbereich der Kooperation mitunter divergierenden Interessen der SOZ- Mitglieder dar. [...] Somit liefert die Einbindung der Streitkräfte der SOZ-Mitgliedstaaten einen Beitrag zu den russisch-chinesischen Bemühungen zur Sicherung der Systemstabilität in den zentralasiatischen SOZ- Staaten" (Becker 2011: 194). Der – wenn es notwendig sein sollte – Einsatz von Streitkräften im Inneren werde sowieso nicht in Frage gestellt.

Aber gerade auch in diesem Bereich – Ordnungspolitik und Systemstabilität – gehen die Meinungen unter den Mitgliedern der SOZ, wie diese Ziele am besten zu realisieren sind, besonders weit auseinander. Und gerade hier ist der Souveränitätsanspruch am ausgeprägtesten: Es geht um die Autorität der respektiven Staatsführungen, die innenpolitischen und gesellschaftlichen Verhältnisse nach ihren Vorstellungen und Interessen zu gestalten.

Bei allen Widersprüchen ist gleichwohl ein deutliches Bemühen aller Mitglieder der SOZ erkennbar, nach außen Geschlossenheit zu demonstrieren und sich als frei von Kontroversen zu präsentieren (vgl. Becker 2011: 196f.).

5.4 Zwischenfazit

Der politische Wille ist ein relativ subjektiver, kaum messbarer Faktor, doch viele Zentralasien-ExpertInnen sind sich einig, dass der mangelnde politische Wille als das wichtigste Hindernis für Kooperation anzusehen ist. Zwar verpflichten sich die zentralasiatischen Staatschefs rhetorisch immer wieder zu verstärkter Kooperation untereinander, was sich auch in der Unterzeichnung unzähliger diesbezüglicher Deklarationen und Abkommen widerspiegelt und einerseits die Einsicht in den Nutzen kooperativer Regionalisierung belegt. Andererseits ist der mangelnde politische Wille in der Praxis evident; er wird offenkundig überlagert von gegenseitigem Misstrauen, sobald es zur Umsetzung entsprechender Vereinbarungen kommt. Diskussionen über den Führungsanspruch innerhalb der Region, die von ausgeprägtem Rivalitätsdenken zeugen, gepaart mit Misstrauen und Maßnahmen wie wechselseitiges Sperren von Ressourcenzugang und unilaterale restriktive Grenzregime, behindern die Kooperation auf vielen Gebieten (List 2004: 125; Schiff/Winters 2002: 7; Inomjonov 2005).

Ein wesentlicher Grund liegt in der Spezifik des politischen Systems. Politik wird von einem sehr kleinen Kreis Verantwortlicher betrieben, die sich je national-beschränkt in klientelistischer Weise verhalten und absprechen. Es existiert weder ein Parteiensystem im europäischen Sinne noch ein anderes System, das

Diskussion, Meinungsbildung und Partizipation in einem breiteren Maße sowie eine Debatte darüber, was das Gemeinwohl oder das nationale Interesse fördert, gewährleisten würde. Eine mit diesem System eng verzahnte und ihr inhärente Kultur der Korruption senkt die Rationalität und die Effizienz in der Wirtschaft ebenso wie in der Politik und prägt auch soziale Verhaltensweisen und das soziale System negativ. Insbesondere die Führung der Usbekischen SSR war schon in den 1980er Jahren mit massiven Korruptionsvorwürfen und -ermittlungen aus Moskau konfrontiert gewesen, aber immer weniger bereit, den Moskauer Direktiven nachzukommen. Sie nutzte die Schwäche der Zentrale in der Zeit der Perestroika, um deren Einfluss zurückzudrängen und die eigenen Machtpositionen und den Zugriff auf die wirtschaftlichen Ressourcen der Republik auszubauen.

Bezeichnend für diese Entwicklung ist die Kontinuität der wichtigsten politischen Führungspersönlichkeiten vor und nach der Unabhängigkeit (siehe nächster Abschnitt). Die Entwicklungen auf nationaler und regionaler Ebene sind solcherart seit Anfang der 1990er Jahre von einer Handvoll privilegierter Individuen, ihren Ideen und Interessen, die an dieses Herrschaftssystem gebunden sind, und personalisiert in erster Linie von den Präsidenten selbst abhängig (List 2004: 125). Dazu kommt eine spezifische Form des *Two Level Game* (Robert Putnam): Verhandlungen und Vereinbarungen auf regionaler oder internationaler Ebene korrespondieren nur in sehr beschränktem Maße mit der innen- und außenpolitischen Umsetzung. Zusagen sind vielfach Höflichkeitsbezeugungen, an die man sich nicht unbedingt gebunden fühlt, wenn es um die Umsetzung in konkretes politisches Handeln geht.

Usbekistan ist hierfür eines von fünf Beispielen. Das Land liegt im Zentrum der Region, hat die größte Bevölkerung und die größte Armee und ist der wichtigste zentralasiatische US-Partner im Kampf gegen den Terrorismus. Um der Rolle als Regionalmacht im positiven Sinne gerecht zu werden, müsste Taschkent die Initiative bei den vielzähligen Kooperations- und Integrationsvorhaben, über die immer wieder gesprochen wird, ergreifen. De facto hat die usbekische Führung weder eine klare außenpolitische Strategie noch eine Vision für die regionale Zusammenarbeit. Im Gegenteil, Kooperationsversuche werden oftmals behindert, oder es werden durch unilaterale Aktionen sogar Spannungen provoziert (List 2004: 125f.).

Vor dem Hintergrund des bisher Dargestellten ist nicht verwunderlich, dass praktisch alle zentralasiatischen Kooperationsgruppierungen ein Dilemma gemein haben: Sie sind geprägt von extrem hohen Ansprüchen bzw. Ankündigungen, die eine geringe Substanz aufweisen und denen in der Praxis wenig folgt. Dies wird auch immer wieder registriert und festgestellt. Als Reaktion darauf werden auch immer wieder institutionelle Veränderungen und Reorganisationen vorgenommen, die wiederum mit hohen Ansprüchen und Ankündigungen ohne einschneidende Veränderungen in der Praxis verbunden werden. Insofern kann im Fall der zentralasiatischen Regionalpolitik von einem besonders hohen Maß an Symbolpolitik gesprochen werden, die freilich ihren Wert für die Legitimation der jeweiligen Herrschaftsverhältnisse aufweist. Die Präsidenten stellen sich – nicht zuletzt über die gelenkten Medien – nicht nur als international anerkannte Repräsentanten ihrer Nation, sondern auch als regionale oder internationale Führungspersönlichkeiten dar.

Auch aufgrund dieser politischen Kultur und aufgrund des Auseinanderklaffens von Kooperationsanspruch und -wirklichkeit stellt sich die multilaterale Konstellation Zentralasiens, repräsentiert durch eine Vielzahl von Regionalorganisationen, nach außen fast konfliktfrei dar, und zwar sowohl unter dem Aspekt einer Konkurrenz dieser Organisationen untereinander als auch unter dem Aspekt der Auseinandersetzungen über Sachthemen und Ziele innerhalb dieser Organisationen. Mitgliedschaften erscheinen vielfach als vom Gutdünken und Prestigedenken zentralasiatischer Führungspersönlichkeiten abhängige Optionen außenpolitischer Darstellung. Unter diesen Voraussetzungen spielt es keine große Rolle, dass sich die Ziele und Ambitionen der betreffenden Organisationen teilweise widersprechen[94]. Hypothetisch könnte sich daraus auch eine Komplementarität ergeben. Doch ob es sich um gemeinsame Energieprojekte oder um kollektive Sicherheit, um „nicht-konventionelle Herausforderungen“ oder um traditionelle militärische Belange handelt: Die Gemeinsamkeit findet nur sehr beschränkt, am ehesten in der sicherheits- und systemstabilisierenden Kooperation statt. Zu unterschiedlich sind die Perzeptionen[95], zu sehr auf die eigenen Interessenperzeptionen fokussiert sind die jeweiligen Eliten. Ausdruck dessen sind auch Umformungen und Reorganisationen einzelner Institutionen, wie etwa, dass die Central Asian Cooperation Organisation (CACO) praktisch in der EurAsEc aufging, die sich wiederum Aufgabengebiete der GUS zueigen mach-

94 „CSTO and SCO both seek to enhance regional security, but there is a divergence in their approaches and aims in this regard. CSTO is focussed on more traditional military coordination, while SCO is aimed at harmonizing approaches to non-traditional security challenges. EurAsEC and SCO both seek to foster economic coordination, but EurAsEC is focussed on micro-level customs coordination, while SCO is currently centred on large-scale projects and energy cooperation" (Aris 2010a: 4).

95 "It seems that the post-Soviet member states of the CSTO are presently facing serious obstacles to realizing their envisioned system of collective security. These obstacles are caused by the significant differences in the member states' threat perceptions, attitudes towards each other, and geopolitical postures as well as their common fear of the mythic Western offensive in the form of so-called 'color revolution' plots" (Tolipov 2009).

te[96], oder der Niedergang anderer, einstmals westlicherseits sogar als „Wiedergeburt der Sowjetunion" fehlperzipierter Organisationen wie der GUS[97].

Die fehlende Kooperation zeigt sich auch im fortdauernden Konflikt zwischen Kasachstan und Usbekistan in der Frage des Austrocknens, bzw. der Wiederherstellung des Aralsees (Bahr 2009: 80ff.) Das gleiche gilt für die Auseinandersetzungen zwischen Duschanbe und Taschkent wegen der Energiegewinnung aus Wasserkraftwerken auf tadschikischer und daraus resultierendem Wassermangel auf usbekischer Seite (ebd.: 97).

96 "Since 2004 EurAsEC has taken on many of the economic functions of the CIS, in particular the development of a Customs Union" (Aris 2010a: 2).

97 „[...] since the end of the 1990s the CIS has faded into the periphery. At the most recent CIS summit in Chisinau in October 2009, only seven presidents of the former Soviet states attended" (ebd.).

6. Aspekte der Entwicklung politischer und sozialer Systeme postsowjetischer zentralasiatischer Länder

Ausgangspunkt der nachfolgenden Ausführungen ist die bereits früh in dieser Studie aufgeworfene Frage, inwiefern die postsowjetischen endogenen Entwicklungen maßgeblich für das Außenverhalten der politischen Eliten der zentralasiatischen Länder sind. Dass die politische Rückentwicklung in sultanistische Herrschaftsverhältnisse (Max Weber) und entsprechende soziale Strukturen Auswirkungen auf die Außenpolitiken sowie die regionalen und die internationalen Beziehungen haben, ist evident. Deutlich macht die Unterschiedlichkeit in den Außenpolitiken der respektiven Eliten aber auch, dass nicht allein von der These struktureller Interdependenz zwischen Sultanismus und geringem Grad außenpolitischer Kooperation und Integration auszugehen ist. Wie etwa am kasachischen Beispiel offenkundig wird, hängt gerade unter den gegebenen politischen Voraussetzungen die Entwicklung der Außenpolitik in einem vergleichsweise hohen Maße von den Ideen, Vorstellungen und Visionen ab, die jeweils eine kleine Zahl politisch und ökonomisch mächtiger Führungspersönlichkeiten – und hier an erster Stelle die Präsidenten selbst – formuliert.

Eine empirisch exakte Bestimmung des Verhältnisses von Agent und Struktur in Bezug auf die Festlegung der Außenpolitiken der zentralasiatischen Länder ist genauso wenig möglich wie anderswo auch. Generell gilt aber zweierlei: Erstens geben die spezifischen politischen Systeme, die sich in Zentralasien nach dem Ende der Sowjetunion herausgebildet haben, den jeweils Herrschenden besonders weitgehende Möglichkeiten und Kompetenzen, um ihre Vorstellungen von Außenverhalten zur Leitlinie werden und in die Praxis umsetzen zu lassen. Und zweitens haben diese Verhältnisse in den meisten zentralasiatischen Ländern zur Folge, dass in erheblich geringerem Maße als z.B. in Europa Perzeptionen über die Entwicklung der nationalen Ökonomie bzw. des nationalen Gesamtwohls das Außenverhalten der Staaten prägen. Nicht eine die ökonomischen Partikularinteressen einzelner Gruppen aggregierende bzw. zwischen Partikularinteressen vermittelnde und Konsens findende politische Klasse hat maßgeblichen Einfluss auf die Außenpolitik des Landes. Stattdessen bestimmen die Wirtschafts- und Machtinteressen von Clans, deren Herrschaft von auf Klientelismus beruhenden Loyalitäten abhängig ist und die seit der Unabhängigkeit nun auch über den Staat verfügen, das Denken und Handeln in dessen Außenbeziehungen. In der Regel wird hier insbesondere die auswärtige Konkurrenz als Bedrohung eigener Ansprüche wahrgenommen.

Wo dies für die Erklärung des Außenverhaltens notwendig erschien, wurden bereits in vorangegangenen Abschnitten Überlegungen zum Konnex von intraregionaler und internationaler Kooperation einerseits und der Entwicklung politisch- und gesellschaftlich-interner Verhältnisse in den respektiven Ländern andererseits angeführt. Die nachfolgenden Ausführungen verstehen sich als Fortführung bzw. Ergänzung mit Blick auf diesen Zusammenhang und stellen nicht den Versuch dar, eine politische Systemanalyse – noch dazu vergleichender Art – durchzuführen. Demnach werden einige politisch-systemische sowie damit zusammenhängende Bildungs- und Ausbildungsfaktoren hervorgehoben. Die vorgenannte Einschränkung bezieht sich nicht zuletzt auf die Charakterisierung der politischen Systeme als sultanistisch. Diesbezüglich bescheiden sich die nachfolgenden Ausführungen auf einige kursorische Bemerkungen.

6.1 Politische Verfasstheit zentralasiatischer Länder

„Mit dem Entstehen eines rein persönlichen Verwaltungs- (und: Militär-) Stabes des Herrn neigt jede traditionale Herrschaft zum Patrimonialismus und im Höchstmaß der Herrengewalt: zum Sultanismus: die >Genossen< werden nun erst zu >Untertanen<, das bis dahin als präeminentes Genossenrecht gedeutete Recht des Herrn zu seinem Eigenrecht, ihm in (prinzipiell) gleicher Art appropriiert wie irgendein Besitzobjekt beliebigen Charakters, verwertbar (verkäuflich, verpfändbar, erbteilbar) prinzipiell wie irgendeine wirtschaftliche Chance. Aeußerlich stützt sich die patrimoniale Herrengewalt auf (oft: gebrandmarkte) Sklaven- oder Kolonen- oder gepreßte Untertanen- oder – um die Interessengemeinschaft gegenüber den letzteren möglichst unlöslich zu machen – Sold-Leibwachen und -Heere (patrimoniale Heere). Kraft dieser Gewalt erweitert der Herr das Ausmaß der traditionsfreien Willkür, Gunst und Gnade auf Kosten der patriarchalen und gerontokratischen Traditionsgebundenheit. Patrimoniale Herrschaft soll jede primär traditional orientierte, aber kraft vollen Eigenrechts ausgeübte, sultanistische eine in der Art ihrer Verwaltung sich primär in der Sphäre freier traditionsungebundener Willkür bewegende Patrimonialherrschaft heißen. Der Unterschied ist durchaus fließend. Vom primären Patriarchalismus scheidet beide, auch den Sultanismus, die Existenz des persönlichen Verwaltungsstabs. (...) Die sultanistische Form des Patrimonialismus ist zuweilen, dem äußeren Anscheine nach, – in Wahrheit: nie wirklich – völlig traditionsungebunden. Sie ist aber nicht sachlich rationalisiert, sondern es ist in ihr nur die Sphäre der freien Willkür und Gnade ins Extrem entwickelt. Dadurch unterscheidet sie sich von jeder Form rationaler Herrschaft“ (Weber 1972: 130ff.).

Die nachsowjetischen politökonomischen Machtstrukturen in Zentralasien werden in der Politikwissenschaft als paradigmatisch für einen „modernen Sultanismus“ herangezogen (Halbach 2007). Wollte man eine politische Systemanalyse vornehmen, bedürfte die Anwendung der von Max Weber entwickelten Begrifflichkeit auf die Verhältnisse in den zentralasiatischen Ländern deutlicher Differenzierungen. Darüber hinaus gibt es spezifische Prägungen. Die politische Verfasstheit in den Ländern Zentralasiens nach dem Zusammenbruch der Sowjetunion ist durch eine Mischung von vorsowjetischen, sowjetischen und postsowjetischen Strukturen in Gesellschaft und Staat charakterisiert. Vorsowjetisch ist die Rückkehr zu auf Familien- und Clanverhältnissen aufgebauten Machtstrukturen und sozialen Verhältnissen. Sowjetisch sind vor allem die nach wie vor existenten bzw. wieder aufgebauten, ausgedehnten Kontroll- und Repressionsmechanismen, die die Herrschaftsverhältnisse absichern – wobei sich das sowjetische Patronagesystem gut auf dem familiären Günstlingswesen vorsowjetischer Kultur aufbauen ließ. Postsowjetisch sind größere Teile der Verfassungen sowie Institutionen, die dem Vorbild demokratischer Länder entliehen, aber entsprechend den beiden vorgenannten Tendenzen in einer bestimmten Weise transformiert sind und instrumentalisiert werden.

Beim Eintritt in die Unabhängigkeit hatten sich die politischen Führungen der Länder, wie bereits in einem anderen Kontext erwähnt, internationalen Organisationen und diversen westlichen Akteuren gegenüber zu Rechtsstaatlichkeit und Demokratisierung verpflichtet, weshalb eigene Parlamente, Verfassungen und Formen von Parteienpluralismus geschaffen wurden. Doch mit Hilfe einer Mischung aus Traditionalismus und Repression wussten die politischen Eliten ihre Macht zu sichern. Die demokratischen Präsidialverfassungen mutierten in der Verfassungsrealität in allen Ländern zu mehr oder weniger repressiven Präsidialdiktaturen. Kennzeichnend wurde „Personalismus, Klientelismus und regionaler Faktionalismus“. Meinungsfreiheit, Versammlungsfreiheit, Pluralismus von Informationsquellen, freie und gerechte Wahlen – diese Minimalanforderungen an eine Demokratie entfalteten sich in den zentralasiatischen Ländern, wenn überhaupt, nur ansatzweise (Boneberg 2008; Halbach 2006)[98].

98 Schon 1997 hatte Uwe Halbach festgestellt: „Aber in Zentralasien ließ der Ausbau der Präsidialgewalt keinen Platz für andere politische Gewalten und geschah besonders rigoros, so durch die Verlängerung der Amtszeiten der Präsidenten per Referendum unter Aussetzung von Neuwahlen (Turkmenistan, Usbekistan, Kasachstan), durch Parlamentsauflösungen durch den Präsidenten und propräsidentielle Verfassungsänderungen (Kasachstan und Kirgistan). Allerdings hatten reformfeindliche Parlamente, die ihrer legislativen Funktion kaum nachgekommen waren, diese Entwicklung auch herausgefordert“ (Halbach 1997).

Abschreckung gegen Aufstände nach der Ermordung fast aller 70.000 Einwohner des heute iranischen Isfahan 28 Pyramiden aus je etwa 1.500 abgeschlagenen Köpfen errichten. Am Höhepunkt seiner Macht dehnte sich das Timuridenreich vom Schwarzen Meer im Westen über das Gebiet des heutigen Syrien, Irak und Iran bis in den Osten des heutigen Pakistans, im Norden vom Aralsee über Afghanistan bis in den Süden zum Indischen Ozean aus. Für diesen Emir Timur werden seit einigen Jahren überall im Land Denkmäler errichtet und Museen eingerichtet – wohl um der Konstruktion einer „großen Legende“ als nationales Identitätsprojekt und der Sehnsucht nach „Größe“ der Usbeken gerecht zu werden, um die Identifikation mit einer politischen Führung zu steigern, die sich solcherart in die Tradition eines „kraftvollen“ national-historischen Vorbildes stellt, und wohl auch, um die Härte und die Dezidiertheit gegenüber jeglicher Opposition und jeglichem Gegner in einem positiven Licht erscheinen zu lassen.

Damit und im Zusammenhang mit dem Personenkult, der in den zentralasiatischen Ländern wie zu Zeiten Stalins praktiziert wird, lässt sich festhalten, dass das Bildungssystem noch stärker instrumentalisiert wird, um Herrschaftsideologien zu verbreiten, als in der UdSSR seit der späten Breschnew-Ära und zumal in der Zeit der Perestroika unter Gorbatschow. Für den Versuch, neue Identitäten, vor allem aber neue Loyalitäten zu konstruieren, um die eigene Herrschaft zu legitimieren, spielten nicht zuletzt das Bildungssystem und die kontrollierten Medien eine herausragende Rolle. Die reale Verstaatlichung und Zensur der Massenmedien (Fernsehen, Radio, Zeitung) hat im Vergleich zur sowjetischen Zeit nicht ab-, sondern im Gegenteil eher zugenommen. In der Regel sind die Medien in staatlicher oder in der Hand von Familienangehörigen oder Vertrauten des Präsidenten und werden von der Regierung zensiert. In Bezug auf Pressefreiheit und Menschenrechte ist also festzuhalten, dass es (mit Ausnahme Kirgisistans zu Beginn der 1990er Jahre, danach aber ebenfalls zunehmend) zu massiveren Einschränkungen kam als zu Zeiten der späten Sowjetunion, d.h. in den 1970er und 1980er Jahren (vgl. Halbach 2007).

Welch wichtige Rolle Clanstrukturen im täglichen Leben der Menschen spielen bzw. welche Bedeutung die spezifischen Herrschaftsverhältnisse für das Sozialverhalten der Menschen hat, zeigen die Ergebnisse einer Untersuchung, die in den Jahren 1997 und 1998 zu Clanstrukturen in Kirgisistan und Usbekistan vorgenommen wurde.[100]

100 Die hier erwähnte Umfrage wurde von Kathleen Collins (Politikwissenschaftlerin an der University of Minnesota) in den Jahren 1997 und 1998 durchgeführt. Dazu führte sie 313 qualitative Interviews von jeweils zwei bis drei Stunden, anhand von 80 Fragen. Die Interviews wurden in repräsentativ ausgewählten Gebieten in ländlichen und semiländlichen Regionen durchgeführt, jedoch entsprach die Auswahl der Befragten nicht allen Kriterien eines random sample. Dies lag daran, dass Telefon-Sampling aufgrund

Tab. 19: Umfrage zur Bedeutung von Clanstrukturen

1. Frage: Was ist am wichtigsten um eine Anstellung, ökonomischen und politischen Aufstieg zu erhalten?					
	Bildung	Regierungsstellen	Moschee	Geld/ Bestechung	Familien- und Clanverbindungen
Kirgistan	0,7%	0%	0%	11,7%	87,6%
Usbekistan	0,0%	0%	0%	31,0%	69,0%

2. Frage: An wen wenden Sie sich, wenn Sie einen Kredit oder finanzielle Unterstützung benötigen?					
	Bank	Regierungsstellen	Moschee	Komitee der Kolchose	Familien- und Clanverbindungen
Kirgistan	1%	2%	0%	4%	93%
Usbekistan	2%	3%	0%	3%	92%

3. Frage: An wen wenden Sie sich, wenn Sie Konflikte (abseits gewaltsamer Verbrechen) lösen möchten?					
	Gerichte	Regierungsstellen	Moschee	Komitee der Kolchose	Familien- und Clanverbindungen
Kirgistan	0%	0%	0%	3%	97%
Usbekistan	0%	0%	2%	2%	96%

Quelle: Collins 2003: 178

Umgekehrt wirken derartige Perzeptionen und darauf beruhendes Sozialverhalten verstärkend auf die Stabilität der herrschenden Verhältnisse zurück. Arrangements der Clans untereinander bzw. die Durchsetzung dominanter Kräfte gegenüber konkurrierenden Akteuren sind weitere Voraussetzungen für ein gewisses Ausmaß an innerem Frieden und innerer Stabilität. Nur in Tadschikistan fand aufgrund ungeklärter und umkämpfter Machtverhältnisse bis 1997 ein Bürgerkrieg statt. Eine Sonderentwicklung zu mehr Demokratie gab es in Tadschikistan (siehe weiter unten).

Im Allgemeinen jedoch wurde unter diesen Voraussetzungen die Etablierung demokratischer Formalia durch die Einführung entsprechender Verfügun-

fehlender Telefone und Umfragen aus Angst vor Beobachtung durch die Regierung nicht stattfinden konnten. „Nonetheless, respondents represented a sample based on occupation, class, gender, and age" (Collins 2003: 174). Um die Rolle von Clans zu ermitteln, entwickelte die Autorin verschiedene Indikatoren. „In the interview study, I assessed the rational and normative strength of clans by focusing questions on four areas: language, finances, living patterns and migration, and sociopolitical functions" (ebd.: 175). Besondere Beachtung schenkte sie außerdem den verschiedenen Konnotationen der landessprachlichen Übersetzungen des Begriffs Clan (vgl. ebd.: 175f).

gen nicht zu einer Quelle von Pluralismus und Partizipation, sondern mehr zu einer zusätzlichen Legitimitätsressource: Die vorherrschenden Clans statteten ihre Mitglieder auch noch mit Positionen in formal demokratischen Institutionen aus, die sie zusätzlich für die Durchsetzung ihrer ökonomischen und politischen Interessen nutzten. Zwar boten die neuen in einem größeren Maße als die alten Verhältnisse oppositionellen Gruppierungen einen größeren Freiraum bzw. ein Nischendasein. Dort aber, wo diese Gruppierungen den grundsätzlichen politischen oder ökonomischen Interessen der neuen Machtstrukturen tatsächlich oder vermeintlich Schaden zufügten, wurden sie auf die eine oder andere Weise marginalisiert, kaltgestellt oder unterdrückt. Insgesamt brachte schließlich drittens diese Entwicklung nicht eine Vermehrung, sondern eher eine Verminderung an Internationalität und Offenheit mit sich. Hatte diese Region gerade in der Zeit von Perestroika und Glasnost und schon vorher durch die Integriertheit in den großsowjetischen und RGW-Raum – von Vietnam bis zur DDR – an einer (wenngleich beschränkten) internationalen Entwicklung und Weltläufigkeit Anteil, so ging die Etablierung traditioneller Herrschaftsstrukturen und die Renationalisierung, verbunden mit einer mehr oder weniger starken Rückkehr religiöser bzw. patriarchalischer Anschauungs- und Lebensformen, in die andere Richtung. Vor allem in kultureller, erzieherischer, sprachlicher und wissenschaftlicher Hinsicht fand eine Verarmung statt. Daran änderte auch die partielle Offenheit gegenüber dem Westen und die teilweise Übernahme westlicher Muster wenig. Allerdings kam es in dieser Rückwendung je nach spezifischen ideologischen und politischen Vorstellungen der Führungspersönlichkeiten zu einer Ausdifferenzierung, teilweise auch zu einer Veränderung, der fünf zentralasiatischen sultanistischen Systeme.

6.2 Viereinhalb Spielarten des Sultanismus

Kasachstan

In Kasachstan ist Nursultan Nasarbajew ebenfalls seit 1991 Präsident; seitdem wurde er ebenfalls immer mit mehr als 90 Prozent der Stimmen wiedergewählt. Auch dort ist die Opposition in ihren Rechten stark eingeschränkt. Die Medien stehen unter strenger Kontrolle. Für Aufsehen sorgte im Februar 2006 der Mord an dem Oppositionspolitiker Altynbek Sarsenbajew. Bei Wahlen im August 2007 erhielt die Präsidentenpartei *Nur Otan*[101] 88 Prozent der Stimmen. Da keine der sechs angetretenen Oppositionsparteien die Sieben-Prozent-Hürde über-

101 Deutsch: „Strahlendes Vaterland“.

winden konnte, errang Nur Otan alle 98 Sitze des Parlamentes. Die Opposition hatte bis dahin einen Sitz innegehabt. Die Organisation für Sicherheit und Zusammenarbeit in Europa (OSZE) erklärte, die Wahl habe vor allem bei der Stimmenauszählung und der Umsetzung neuer Rechtsvorschriften nicht internationalen Standards entsprochen. Die Oppositionsparteien erkannten das Ergebnis nicht an und sprachen von massiven Manipulationen. Somit konnte auch die Kommunistische Partei Kasachstans, deren Vorsitzender Nasarbajew bis 1991 selbst gewesen war, nicht ins Parlament einziehen.

Der Ingenieurswissenschaftler Nasarbajew war 1989 nach dem erzwungenen Rücktritt des bis dahin amtierenden Parteichefs Kolbin an die Spitze der kasachischen KP gelangt, nachdem er zuvor Vorsitzender des Ministerrats der kasachischen Republik, Erster Sekretär des ZK der KP Kasachstans, Politbüro-Mitglied der KPdSU und Vorsitzender des Obersten Sowjets von Kasachstan gewesen war. 1990 wurde er vom Obersten Republikssowjet zum Präsidenten und nach der Unabhängigkeitserklärung 1991 in einer allgemeinen Wahl zum Staatspräsidenten gewählt. Auch er errichtete ein autoritäres Präsidialregime, wenngleich mit einem etwas vorsichtigeren Kurs als seine zentralasiatischen Nachbarn (vgl. Pradetto/Weckmüller 2004: 280f.).

Kasachstan war nach seiner Verfassung von 1993 ausdrücklich eine parlamentarische Demokratie. Der Präsident war zwar Staatsoberhaupt und oberste exekutive Macht, benötigte aber für alle wichtigen juristischen und personellen Entscheidungen die Zustimmung des Parlamentes. Nach Verfassungsänderungen im Jahre 1995 musste das Parlament indes erhebliche Machtverluste zugunsten des Präsidenten hinnehmen. Er erhielt die Richtlinienkompetenz in der Innen- wie Außenpolitik, er steht seither über den Gewalten und hat das Besetzungsrecht für alle wichtigen Ämter. Gleichzeitig ließ er sich in einem Referendum seine Amtszeit, die laut Verfassung 1996 geendet hätte, um fünf Jahre bis 2000 verlängern; nach weiteren Gesetzesänderungen kann er jetzt hypothetisch Präsident auf Lebenszeit werden. Die Regierung ist faktisch vom Präsidenten abhängig. Der Kritik an der sich ausweitenden Korruption begegneten die herrschenden Eliten in Kasachstan, ähnlich denen anderer zentralasiatischer Staaten, somit nicht etwa mit dem Aufbau und der Expansion demokratischer Kontrollmechanismen, sondern mit einer Machterweiterung und -absicherung der Präsidenten.

Die Familie von Präsident Nasarbajew und mit ihm verbundene Machtgruppen kontrollieren zudem die meisten Medien, Bildungseinrichtungen und Ölressourcen des Landes. Russland Aktuell beschrieb 2003 diesen Sachverhalt folgendermaßen: "Nasarbajews Familienclan hat das Land unter voller Kontrolle. Seine älteste Tochter Dariga leitet die staatliche Nachrichtenagentur Chabar. Verheiratet ist sie mit dem ehemaligen stellvertretenden Geheimdienstchef und jetzigen kasachischen Botschafter in Österreich Rachat Alijew. Die zweite Tochter Dinara leitet den Nasarbajew-Bildungsfonds. Ihr Ehemann ist Ölmagnat und führt eine der größten staatlichen Ölgeselschaften (Kasmunaigas). Die dritte Tochter Alija […] hat als ‚Expertin' in der Präsidialadministration ein warmes Plätzchen gefunden" (Russland-Aktuell 2003)[102]. Zwar wurde im Mai 2007 auf Initiative von Naserbajew die Verfassung dahingehend geändert, dass der Einfluss des Parlaments gestärkt wurde. Auf der anderen Seite bekam Naserbajew das Recht, lebenslang Präsident von Kasachstan zu bleiben (vgl. Russland Aktuell 2008)[103].

Den beschriebenen Gegebenheiten und Entwicklungen entspricht ein Personenkult in den zentralasiatischen Ländern, der sogar in Kasachstan – dem Land mit dem vergleichsweise offensten politischen System – in den beiden Jahrzehnten nach dem Ende des sowjetischen Systems nicht im Ab-, sondern Ansteigen begriffen war. Im Unterhaus des kasachischen Parlaments (Madshilisi) wurde Anfang Mai 2010 ein Vorschlag eingebracht, dem amtierenden Präsidenten Nursultan Nasarbajew den Titel ‚Führer der Nation' zu verleihen und ihm sowie seiner Familie lebenslange Immunität vor straf- und verwaltungsrechtlicher Verfolgung zu gewähren. Eine Woche später verabschiedeten die Parlamentsabgeordneten das Gesetz einstimmig (vgl. Meier 2010).

Usbekistan

Offiziell ist auch die usbekische Verfassung auf Demokratie, Rechtsstaatlichkeit und Marktwirtschaft ausgerichtet, de facto gibt es große Demokratie- und Rechtsstaatsdefizite. Präsident ist seit 1991 Islom Karimow. Der Ingenieurswis-

102 Vgl. auch Freedom House 2010. – Allerdings kam es 2007 zu einem schwerwiegenden Zerwürfnis zwischen dem Präsidenten und seinem Schwiegersohn. Alijev, unterdessen von Dariga geschieden, war nach Angaben der kasachischen Opposition in mehrere Mordfälle verwickelt. Ende Mai hatten die kasachischen Behörden einen internationalen Haftbefehl gegen ihn beantragt und seine diplomatische Immunität aufgehoben. Einen Auslieferungsantrag lehnten österreichische Behörden indes mit Hinweis auf die Menschenrechtslage in Kasachstan ab. Aus dem kasachischen Außenministerium verlautete, dass nicht nur gegen den einstigen Vizechef des kasachischen Inlandsgeheimdienstes und früheren Vize-Außenminister Ermittlungen im Gang seien, sondern auch gegen vier weitere ehemalige Mitglieder der diplomatischen Vertretung in Wien. An der Botschaft wurde 2007 ein Großteil der Beschäftigten ausgewechselt. Von einem kasachischen Gericht wurde Alijew in Abwesenheit zu insgesamt 40 Jahren Haft verurteilt.

103 Artikel 42, 5: "One and the same person may not be elected the President of the Republic more than two times in a row. The present restriction shall not extend on the First President of the Republic of Kazakhstan" (Constitutional Council of the Republic of Kazakhstan 2007).

senschaftler war seit 1964 Mitglied und Funktionär der Kommunistischen Partei und wurde 1986 Mitglied des Zentralkomitees. Er war schon vor 1989 Finanzminister, Vize-Ministerpräsident und Staatsoberhaupt in Usbekistan. In der Zeit der Perestroika vertrat er konservative politische Positionen und lehnte Forderungen nach Demokratie ab. Ihm gelang es, sich 1991 zum Staatspräsidenten Usbekistans wählen zu lassen, und kurz darauf errichtete er eine Präsidialdiktatur, wobei er sich z.T. auf alte Machstrukturen verlassen konnte (vgl. Pradetto/ Weckmüller 2004: 250f). Karimow ließ sich per Referendum im Februar 1995 seine Amtszeit bis zum Jahre 2000 verlängern, was nach offiziellen Angaben mit 99 Prozent der abgegeben Stimmen befürwortet wurde, und im Jahre 2002 wurde die Amtszeit – wieder per Referendum – von fünf auf sieben Jahre verlängert (vgl. Freedom House 2010). Karimow wurde bei allen Abstimmungen mit 90 bis 100 Prozent der Stimmen gewählt, wobei die Gegenkandidaten, die sich erklärtermaßen nur aufstellen ließen, um demokratischen Formalitäten genüge zu tun, sich oftmals selbst für die Wiederwahl des Präsidenten aussprachen. Die OSZE sah keine der durchgeführten Wahlen als frei und demokratisch an. Karimow sieht sich explizit als Präsident auf Lebenszeit, obwohl die usbekische Verfassung vorsieht, dass die fünfjährige Amtszeit des Präsidenten nur einmal verlängert werden kann.

Einige der nachfolgenden Anmerkungen stützen sich auf die Ausführungen von Michael Lüders über „Macht und Glauben in Zentralasien", die schon 2003 den Konnex von Patronagesystem, Spezifik des Wirtschaftssystems in Usbekistan und westlicher, sicherheitspolitisch determinierter Reaktion gut zusammenfassten und nach wie vor gültig sind. Offiziell ist in der usbekischen Verfassung zwar eine Trennung von Exekutive (Präsident) und Legislative (Parlament) festgeschrieben, aber der Präsident hat weitgehende Befugnisse, in die Innenpolitik und in Entscheidungsprozesse einzugreifen, die eigentlich dem Parlament vorbehalten sind. Gegebenenfalls kann er dieses Gremium auch auflösen. Die Personalentscheidungen in Bezug auf die Vergabe von Regierungsposten werden angefangen von MinisterInnen, GouverneurInnen, RichterInnen über StaatsanwältenInnen bis auf die unterste Verwaltungsebene direkt von Präsident Karimow oder seinen Vertrauten getroffen. Im damit verbundenen Procedere spielt vielfach Korruption eine ausschlaggebende Rolle. Vergleichbar mit dem Einfluss, den früher die Mitglieder des Politbüros hatten, üben heute Staatsberater diese Funktionen aus. Die Anzahl dieser Staatsangestellten variiert von Staat zu Staat leicht, ist aber in der Regel bei zehn festzumachen. Jedem Staatsberater untersteht ein bestimmter Wirtschaftsbereich, etwa der Außenhandel oder das Bankwesen. Auf Basis dieser Netzwerkstruktur ist der Präsidentenapparat in der Lage, faktisch die Ressourcen des Landes zu kontrollieren und sich zudem die Unterstützung einflussreicher familiärer oder regionaler Netzwerke zu sichern, aus denen die Staatsberater in der Regel stammen. Die jeweilige Amtszeit ist selten länger als zwei Jahre, damit sich die Machtstrukturen nicht zu Ungunsten des Präsidentenapparats verschieben können. Loyalität gegenüber dem Präsidenten ist denn auch das entscheidende Kriterium, um innerhalb der Hierarchie aufzusteigen. Im Gegenzug nutzen die Verantwortlichen ihre Führungspositionen und Ämter aus, um sich persönlich zu bereichern und ihre Verwandtschaft zu begünstigen. So ist es nicht ungewöhnlich, dass die ManagerInnen in staatlichen Unternehmen häufig Angehörige von Karimows Kadern sind: Politischer Einfluss und privater Wohlstand ergänzen sich in diesem System und bedingen einander. Dabei setzt sich dieses Patronagesystem bis zur untersten Stufe der sozialen Pyramide durch; solcherart wird das gesamte Staatswesen zu einem geschlossenen Kreislauf aus Vetternwirtschaft und Selbstbereicherung. Ökonomische Initiativen, die sich außerhalb dieses Systems entwickeln, werden lahm gelegt und verhindert, ebenso wie Ehrgeiz, Individualität und Professionalität.

Vor diesem Hintergrund ist nicht verwunderlich, dass mehr als in anderen zentralasiatischen Ländern ausländische Investoren eher geduldet als gefördert werden. Als ein wesentlicher Grund hierfür wird das ausgeprägte Patronagesystem, mit dem Karimow die Machtansprüche und Geldforderungen regionaler Clans und Interessengruppen abwehrt, ausgemacht. Aus westlicher Perspektive ist es maßgeblich dieses Patronagesystem, das substantielle Wirtschaftsreformen verhindert und ausländische Investoren als potentielle Gefahr für die eigene Günstlingswirtschaft sieht. Während allerdings bei den zentralasiatischen Nachbarn der jeweilige Familienclan des Präsidenten die Staatsgeschäfte dominiert, ist das Patronagensystem in Usbekistan komplexer, da Karimow (selber in einem Waisenhaus aufgewachsen) nicht über diese familiären Clanstrukturen verfügt. Für Usbekistan sind sechs regionale Clans von Bedeutung: drei aus dem Fergana-Tal sowie jeweils einer aus Buchara, Samarkand und Taschkent. Karimow selbst stammt aus dem Samarkand-Netzwerk und verdankt diesem seine Karriere. Die wichtigsten exportrelevanten Wirtschaftsressourcen Usbekistans – Baumwolle, Gold, Erdgas und Erdöl – unterliegen weitgehend der Kontrolle jener herrschenden politischen Elite, die sich um Karimow herum gebildet hat. In den 1990er Jahren kam es wegen Nahrungsmittelknappheit in Taschkent zu Unruhen, bei denen Militär eingesetzt wurde, um sie niederzuschlagen. Im April 2001 schloss der Internationale Währungsfonds (IWF) wegen Wechselkurs-Manipulationen sein Büro in Taschkent. Schon im Vorfeld hatte sich der IWF geweigert, Usbekistan wegen der manipulativen Devisenbewirtschaftung weiterhin Kredite zu gewähren. Nach „9/11“ und der westlichen Intervention im Oktober 2001 stellte Usbekistan dann aber Einrichtungen auf seinem Territorium für den militärischen Einsatz in Afghanistan zur Verfügung. Als Gegenleistung überzeugte Washington den IWF, das Büro in Taschkent wieder zu eröffnen und Usbekistan einen Kredit von über zwei Milliarden US-$ zu zur Verfügung zu stellen (Lüders 2003: 50f.).

Die usbekische Führung ist auch in Bezug auf die Missachtung von Menschenrechten ein besonderes, aber in den Grundzügen generalisierbares Beispiel für die politischen Regime, die sich nach dem Zerfall der Sowjetunion in Zentralasien etabliert haben. Im Grunde wird reproduziert, was man an repressiver sowjetischer Staatlichkeit kennt bzw. worauf schon früher in der Sowjetunion an repressiven Maßnahmen der Herrschaftssicherung zurückgegriffen wurde. Dazu gehört ein allgegenwärtiger nationaler Sicherheitsdienst, der an die KGB-Tradition erinnert, eine hohe Zahl von politischen oder Gewissensgefangenen, teilweise auch schon wieder die Einweisung angeblicher Staatsfeinde in die Zwangspsychiatrie wie im Falle der Menschenrechtsaktivistin Mu'tabar Todschibajewa oder des Oppositionspolitikers Sandschar Umarow, politische Strafprozesse, die entweder der Öffentlichkeit entzogen sind oder als Schauprozesse inszeniert werden, systematische Anwendung von Folter besonders in der Untersuchungshaft[104] und andere Erscheinungen.

Dieses repressive Klima hatte sich längst schon vor den Ereignissen von Andischan im Jahre 2005 verfestigt. Usbekistan war in den Berichten internationaler Menschrechtsorganisationen schon in den 1990er Jahren „als besonderes Sorgenkind im GUS-Raum hervorgetreten" (Halbach 2007). Einen Kernpunkt der Menschenrechtsproblematik stellt in Usbekistan der staatliche Umgang mit „religiösen Extremisten" dar. Nirgendwo hat sich im GUS-Raum die Konfrontation zwischen einem repressiven säkularistischen Regime und islamistischen Oppositionskräften so hochgeschaukelt wie in Usbekistan. Bereits seit 1998 gibt es ein Religionsgesetz, das alle nicht registrierten religiösen Aktivitäten kriminalisiert und strikte staatliche Kontrolle über die Moscheen postuliert. Internationale Menschenrechtsorganisationen weisen auf Tausende religiöse Gewissensgefangene hin (Halbach 2007).

Turkmenistan

In Turkmenistan war bis zu seinem Tod 2006 Saparmurat Nijasow Präsident. Auch Nijasow war ein kommunistischer Funktionär gewesen. Nach einem Fernstudium an der Höheren Parteischule der KPdSU in Moskau war er im Ingeni-

104 So äußerte sich der UN-Berichterstatter über Folter, Theo van Boven, in einem Bericht über Usbekistan 2003 besonders besorgt: Die Misshandlung von Häftlingen habe hier systemhaften Charakter. Die Regierung versprach Besserung und Reformen. Nach wie vor stellen aber Berichte internationaler Organisationen eine „Kultur der Straflosigkeit" gegenüber Folter in den usbekischen Rechtsschutz- und Staatssicherheitsorganen fest (vgl. hierzu z.B. Human Rights Watch 2007).

eursberuf sowie als Gewerkschafter tätig, bis er 1970 in den hauptamtlichen Parteiapparat wechselte. Von 1980 bis 1985 war er Parteichef in Aschchabad, ab 1985 turkmenischer Parteichef. 1990 führte er ein Präsidialsystem ein und gewann die Präsidentschaftswahlen mit 98,3 Prozent, d.h. Turkmenistan war von Anfang an eine Präsidialrepublik, und das Zweikammer-Parlament hatte und hat keine echten Vollmachten. Nijasow, der sich nun Turkmenbashi („Führer aller Turkmenen") nannte, ließ im Januar 1994 seine Amtszeit bis 2002 verlängern (der reguläre Wahltermin wäre 1997 gewesen) (vgl. Pradetto/ Weckmüller 2004: 281 f.; Eschment 2000). Ende 1999 verabschiedete der turkmenische Volksrat eine Verfassungsänderung, die die Begrenzung auf zwei Amtszeiten aufhebt. Damit etablierte sich Nijasow quasi als Präsident auf Lebenszeit.

Nijasow verstarb im Dezember 2006. Seither ist Gurbanguly Berdimuhamedow Präsident Turkmenistans, ein Günstling Nijasows. Er war zunächst als Zahnarzt und medizinischer Dozent tätig gewesen, schließlich, ab 1997, als Gesundheitsminister und ab 2001 als stellvertretender Vorsitzender des Ministerrats. Sein Amt als Staatsoberhaupt trat er im Februar 2007 an.

Turkmenistan sticht durch seinen sogar in anderen zentralasiatischen Ländern belächelten extremen Personenkult um den ehemaligen und jetzigen Präsidenten hervor, obwohl diese Legitimationsressource von allen zentralasiatischen Staatsführungen weidlich genutzt wird. Der Inhaber des Präsidentenamtes in Turkmenistan ist zugleich Staats- und Regierungschef sowie nach diversen Verfassungsänderungen auch offiziell mit weitreichenden, nahezu diktatorischen Vollmachten ausgestattet. Laut Verfassung wird er auf fünf Jahre direkt vom Volk gewählt. Er bestimmt die Richtlinien der Politik, verfügt über ein uneingeschränktes Verordnungsrecht und ernennt die Mitglieder der Regierung. Der Präsident ist kraft seines Amtes auch Vorsitzender beider Parlamentskammern, allerdings wird für jede Parlamentskammer ein Vizepräsident bestimmt, der die Vorsitzendenfunktion faktisch ausübt. Diese Ämter, ebenso der Posten des Vize-Ministerpräsidenten bis 2001, erlebten in den Jahren vor Nijasows Tod einen häufigen Personalwechsel.

Auch in Turkmenistan hat sich die menschenrechtliche Situation seit dem Ende der Sowjetunion noch verschlechtert, es gilt als eines der repressivsten Länder der Welt. Unabhängige NGOs und Medien werden massiv unterdrückt. Das Recht auf Gründung von Organisationen und Vereinen ist faktisch außer Kraft[105].

105 Human Rights Watch: "Independent NGOs and media cannot operate openly, if at all in Turkmenistan. As we noted in advance of last year's EU-Turkmenistan human rights dialogue, Human Rights Watch is aware of numerous instances in which independent activists and journalists were subjected to threats and harassment by security services. [...]

Kirgisistan

Kirgisistan ist das einzige zentralasiatische Beispiel einer Revolte – noch dazu erfolgreich – gegen einen zunehmend autoritärer agierenden Staatsführer. Bis zur „Tulpenrevolution“ 2005 war Askar Akajew Präsident. In Kirgisistan hatte das ursprüngliche Einkammer-Parlament von allen zentralasiatischen Volksvertretungen die größten Kompetenzen. Es besaß die gesetzgeberische Initiative, musste den Etat bestätigen und der Besetzung einer Reihe von Schlüsselpositionen zustimmen (vgl. Eschment 2000). Einst als Vorbild für Demokratie gepriesen, entwickelte Akajew jedoch bald ähnliche Einstellungen und Ambitionen wie seine anderen zentralasiatischen Kollegen[106]. Er dehnte ebenfalls seine Macht durch mehrere Referenden aus, unter anderem mit dem Argument, die Verfassung von 1993 gebe ihm nicht mehr Macht als der Königin von England. Das kirgisische Parlament und wohl auch Druck aus dem Westen bewirkten aber, dass er sich Ende 1995 Wahlen stellen musste. Bereits ein Jahr später ließ er in einem Referendum neue Verfassungsänderungen zugunsten einer Machtkonzentration in seinen Händen bestätigen, während die Befugnisse der Legislative beschränkt wurden. Seit 1996 bestimmte er wie seine Amtskollegen die Richtlinien der Innen- und Außenpolitik. In Kirgisistan kam es allerdings nach ausgedehnter Unruhe und Kritik schon 2003 zu einer Trendwende. Dem Parlament wurden in einem Referendum größere Befugnisse zugesprochen und die Verfassung demgemäß verändert. Wenige Monate später garantierte das Unterhaus allerdings Akayev und zwei weiteren früheren kommunistischen Parteiführern eine lebenslange Immunität. Schließlich trat Akayev im Jahre 2005 im Zuge der sogenannten „Tulpenrevolution“ dann doch zurück und überließ einem Gegenspieler, Kurmanbek Bakijew, das Feld.

Dessen Amtsantritt war ebenfalls mit großen Hoffnungen verbunden. Aber auch er nahm eine Entwicklung wie sein Vorgänger[107]. Nach weiteren Unruhen

In addition, burdensome requirements for the registration of NGOs remain in place. Among them is the requirement to have support from a governmental agency, which violates the right to freedom of association. To the best of our knowledge, in 2007 and 2008 several organizations applied unsuccessfully for registration and the only independent NGO that has been registered in the last two years is an association of gardeners” (Human Rights Watch 2009).

106 “Akayev had backtracked on many political reforms and had steadily entrenched power for his extended family and political allies, abandoning most pretenses of democratization” (Cooley 2008: 70).

107 “The nepotistic practices of President Kurmanbek Bakiyev, whose sons and brothers are prominent in business and government, were evident in the October 2009 appointment

in Bishkek im November 2006 bestätigte der neue Präsident mit seiner Unterschrift eine Verfassungsänderung, die seine Macht limitierte. Doch nach diesem hoffnungsvollen Beginn nahm die Unzufriedenheit wieder signifikant zu. Als Bakijew 2009 wiedergewählt wurde, konnte von freien und demokratischen Wahlen kein Rede sein. Oppositionsanhänger wurden gewaltsam unterdrückt, massive Wahlfälschungen beklagt. Anfang April 2010 kam es zu einer Revolte gegen Bakijew. Dieser verhängte in Bischkek sowie im Norden des Landes den Ausnahmezustand. Nach mehrtägigen gewaltsamen Auseinandersetzungen verkündete die Opposition den Sturz der Regierung und die Einrichtung einer Übergangsregierung unter der Ex-Außenministerin Rosa Otunbajewa, die am 3. Juli als Präsidentin vereidigt wurde, nachdem Bakijew geflüchtet war, seinen Rücktritt als Präsident bekannt gegeben hatte und nach Kasachstan emigriert war. Die Verfassung wurde revidiert, was einen zusätzlichen Machtgewinn für das Parlament und weniger Kompetenzen für den Präsidenten brachte (vgl. EurasiaNet.org 2010). Mehr als 90 Prozent derjenigen, die ihre Stimme abgegeben hatten, hatten zuvor in einem Referendum dafür gestimmt, dass Kirgisistan eine parlamentarische Demokratie werden solle (BBC News 2010).

Zuvor bereits hatte die Übergangsregierung ein neues Grundgesetz nach deutschem Vorbild ausgearbeitet, das die Rechte des Präsidenten beschneiden und die des Parlaments stärken sollte. Es wurde am 27. Juni 2010 in einem unter eher chaotischen Verhältnissen abgehaltenen Referendum angenommenen. Wird die nun verabschiedete Verfassung Grundlage des politischen Lebens, wäre Kirgisistan die erste parlamentarische Republik Zentralasiens.

Am 10. Oktober 2010 wurde ein neues Parlament gewählt. Zwei Monate später einigten sich die maßgeblichen politischen Gruppierungen auf eine Regierungskoalition um die Partei *Ata-Schurt,* die mit knapper Mehrheit gewonnen hatte[108]. Am 17. Dezember 2010 wählte das Parlament den Sozialdemokraten Almasbek Atambajew zum neuen Premierminister (vgl. Eschment 2010: 12; NZZ Online 2010).

Hält sich Kirgisistan als parlamentarische Demokratie, wäre dies umso bedeutsamer, als das Land dann sowohl Beispiel als auch Ermutigung für jene demokratischen Kreise und Organisationen in den zentralasiatischen Ländern wä-

of his son Maksim as head of the Central Agency for Development" (Freedom House 2010).

108 Obwohl die Wahlen viele Experten durch ihren fairen und friedlichen Ablauf überraschten, waren sie nicht gänzlich unproblematisch, wie Eschment (2010: 12) feststellt: „[...]die Kombination von unerwartetem Wahlergebnis, kompliziertem Berechnungsmodus der Prozentwerte und Unklarheiten in den Wählerlisten ist Anlass von Protesten. Die Wähler konnten sich zwischen 29 Parteien entscheiden, der Wahlzettel war 70 cm lang. Folge war eine extreme Zersplitterung der Stimmen."

re, die nicht nur mit staatlicher Repression, sondern auch mit weit verbreiteten Auffassungen in der Bevölkerung – auch in der Jugend – zu kämpfen hat, in Zentralasien brauche man „starke Führer" und eine repressive Macht, um negative Entwicklungen eindämmen und das Land und die Gesellschaft voranbringen zu können.

Tadschikistan

In Tadschikistan ist Emomali Rahmonow seit 1994 Präsident. Die Regierung hatte die Wahlen und ein Referendum über die Annahme einer neuen Verfassung unter Bedingungen durchgesetzt, die eine Beteiligung aller Landesteile und politischen Kräfte, die sich im Zuge von Perestroika und Glasnost gebildet hatten, verhinderten. Ein Teil der Wahlberechtigten (vor allem Anhänger der Opposition) war ins Ausland geflüchtet, oppositionelle Parteien, freie Meinungsäußerung und die regierungskritische Presse waren verboten, Medien von der Regierung kontrolliert (vgl. Pradetto/Weckmüller 2004: 197). Rahmon war bis 1992 Direktor und Parteisekretär einer Kolchose, Mitglied der KPdSU und hoher Funktionär in der Tadschikischen KP gewesen und galt als „Ziehkind" des vormaligen Parteichefs Nabijew. Im November 1992 wurde er vom Parlament zum Vorsitzenden des Obersten Sowjets des unabhängig gewordenen Staates und damit zum neuen Staatsoberhaupt gewählt, nachdem wochenlange Massenproteste den Rücktritt Nabijews erzwungen hatten. Zwei Jahre später ließ er sich zum Präsidenten ernennen. Eine neue Wahl im November 1999 bestätigte ihn in dieser Funktion. Zuletzt wurde er im Jahre 2006 mit 80 Prozent aller Stimmen wiedergewählt. Die Wahlen wurden aber als demokratischen Standards „substanziell" widersprechend kritisiert. Es gab zwar fünf Kandidaten, „aber keine Konkurrenz", wie die OSZE feststellte. Die Parteien, die sich als in Opposition zur Regierung stehend charakterisierten, zogen es nämlich vor, keine eigenen Kandidaten aufzustellen (OSCE/ Office for Democratic Institutions and Human Rights 2007: 1)[109]. Ebenso wie Karimow in Usbekistan löste auch Rahmon die alten Machtstrukturen nicht auf. Unter seiner Führung wurden Gegner aus dem Bürgerkrieg und Bewohner der oppositionellen Regionen verfolgt (vgl. Pradetto/ Weckmüller 2004: 285f.).

Die 1994 verabschiedete Verfassung wurde vor allem 1999 und 2003 verändert. Drei Viertel der Wähler stimmten in einem Referendum u.a. für die Ver-

109 Weitere Kritik: keine Wahlkämpfe der/ Debatten mit den Gegenkandidaten; keine freie Medien-Berichterstattung; verwirrende Wahlzettel; keine aggregierten Wähler-Daten, sondern unübersichtliche Einzellisten; zweifelhafte Unterschriftenlisten (die für die Aufstellung benötigt wurden); frühzeitige Schließung einiger Wahllokale; Mehrfachabstimmungen; Auszählmethoden fragwürdig (ebd.).

längerung der präsidentiellen Amtszeit auf sieben Jahre, sodass Rahmon, dessen Zeit als Staatsoberhaupt eigentlich 2006 abgelaufen wäre, bis 2020 Präsident bleiben könnte (Initiative and Referendum Institute Asia 2006). Patronage, Nepotismus und regionale Clanaffiliation sind charakteristisch für die tadschikischen Herrschaftsstrukturen. In der Regierung dominant sind Mitglieder, die aus der Region Kuljab stammen – der Heimatregion des Präsidenten. Im Jahre 2009 wurde Rahmons Tochter Ozoda zur stellvertretenden Außenministerin ernannt, während sein Sohn stellvertretender Vorsitzender des tadschikischen Jugendverbandes wurde (vgl. Freedom House 2010).

6.3 Zwischenfazit

Die Spezifik postkommunistischer Herrschaftsentwicklung in Zentralasien hatte sich bereits beim Machtwechsel im Zuge der Auflösung der Sowjetunion gezeigt. Im Gegensatz zu anderen Regionen der UdSSR kamen die neuen Machthaber nicht aus Reformfraktionen der kommunistischen Partei, sondern waren eher konservativ. Die zentralasiatischen Präsidenten der ersten Generation nach dem Zusammenbruch der UdSSR waren mit einer einzigen Ausnahme „gewendete Kommunisten", die in Sowjetzeiten in die Position von Vorsitzenden der jeweiligen Republiks-KPs aufgestiegen waren. Sie alle zeigten wenig Neigung zu demokratischen Werten, sondern versuchten, mit populistischen Methoden und (in geringerem Maße, aber im Verlauf der 1990er Jahre zunehmend) nationalistischer Rhetorik ihre autoritären Machtbestrebungen abzusichern (Pradetto/Weckmüller 2004: 196).

Vor dem Hintergrund von Perestroika und Glasnost, des sowjetweiten Diskurses über die Insuffizienzen des autokratischen und bürokratischen Systems sowie der Euphorie über die Demokratisierungswelle in Osteuropa und diesbezüglicher Veränderungen unter Gorbatschow und Jelzin wurden zwar in den dann im Jahre 1992 neu formierten Staaten Zentralasiens neue, demokratische Verfassungen geschrieben. Aber die neu-alten Machthaber betonten von Anfang an die angebliche Notwendigkeit einer starken Exekutivgewalt, und innerhalb weniger Jahre wurden die widersprechenden Vorgaben in den Verfassungen revidiert. Der kasachische Präsident Nasarbajew ließ immer wieder seine Bewunderung für autoritäre Regime mit moderner Wirtschaft durchblicken. Demokratische Freiheiten und oppositionelle Parteien wollte er indes erst zulassen, wenn der Übergang von der Plan- zur Marktwirtschaft abgeschlossen wäre. Im Gegensatz zu den meisten anderen Republiken der Sowjetunion wurden die alten KPs – mit Ausnahme der KP Kirgisistans – auch nicht aufgelöst, sondern deren Strukturen für den Machterhalt der herrschenden Elite genutzt. Gleichzeitig griffen die politischen Eliten zunehmend auf patriarchalische Muster aus der vorsowjetischen Zeit zurück – von der Betonung und Bevorzugung von „Familientraditionen" über die Verteilung von Geschenken und eine kostenlose Zuteilung von Brot, Salz oder Strom, etwa durch den turkmenischen Präsidenten Nijasow, bis zur Eigenpräsentation der Staatsführer als „strenger, aber gerechter Landesvater" (vgl. Pradetto/Weckmüller 2004: 194 ff.; Simon/Simon 1993: 175 ff.; Götz/Halbach 1995). Am Ende dieser Entwicklung standen jene Regime eines „modernen Sultanismus", die sich wie eine Mischung aus Kalifatstraditionen, sowjetischer Repression und Bürokratie sowie frühkapitalistischem Rentierstaat präsentieren – mit Machthabern, denen die Souveränität ihrer Machtausübung nicht nur besonders wichtig ist, sondern die sie auch gegen eine politische und wirtschaftliche Globalisierungslogik mit den ihnen zur Verfügung stehenden Mitteln durchsetzen, wenn sie dies für opportun erachten.

7. Fazit: Der begrenzte Einfluss internationaler Akteure auf Zentralasien und die These vom *New Great Game*

Nach dem Zerfall der Sowjetunion waren die 1990er Jahre von einer Phase der je individuellen Suche der 15 Nachfolgestaaten nach Antworten auf die neu entstandene Lage geprägt. Anfangs war – nicht zuletzt in Russland selbst – zumindest an der Oberfläche ein massiver „Westtrend“ zu beobachten. Dies begann bei der Öffnung von Märkten und einer Hinwendung zur NATO und endete bei der Verabschiedung demokratischer Verfassungen, an denen vielfach westliche Experten mitgearbeitet hatten. Spätestens seit Mitte der 1990er Jahre gab es jedoch eine „Reorientierung“, und zwar sowohl innen- als auch außenpolitisch. Die wichtigste innenpolitische Konsequenz bestand in einer Verstärkung autoritärer Praktiken. Eine außen- und regionalpolitische Konsequenz lag in der engeren Abstimmung und Kooperation der zentralasiatischen Länder sowie der Regionalmächte Russland und China. Diese Entwicklung spiegelte sich institutionell in der Gründung der *Shanghai Five* und deren Entwicklung zur *Shanghaier Organisation für Zusammenarbeit* (SOZ) im Jahre 2001 sowie in anderen Bemühungen institutioneller Kooperation (OVKS, EurAsEc u.a.). Die SOZ wurde für Russland, China, Kasachstan, Usbekistan, Kirgisistan und Tadschikistan zum wichtigsten Instrument multilateraler Bemühungen, die auf Sicherheit und Systemstabilität gerichtet waren. Nur die turkmenische Führung ging auf noch größere Distanz – nicht nur zum Westen, sondern auch zu den zentralasiatischen Nachbarn und auch zu Russland und China.

Zur außenpolitischen Reorientierung in Zentralasien, Russland und China trugen viele Faktoren bei, auch die offensive Politik der USA und der NATO in Richtung Osten (NATO-Osterweiterung, *Partnership for Peace* als Versuch der Anbindung des postsowjetischen Raums bis hin nach Zentralasien, schließlich das aggressive Machtprojektionsprojekt von George W. Bush ab 2001), die zunehmende Kritik im Westen an einer in seiner Sicht „stecken gebliebenen Transformation“ und an der „Restauration autoritärer Systeme“ in diversen Nachfolgestaaten, nicht zuletzt in Zentralasien, und Enttäuschungen über – aus Sicht der Eliten in diesen Staaten – Versuchen der „Bevormundung“ und „Vereinnahmung“. Darüber hinaus spielten aus der Perspektive vor allem Russlands und Chinas, aber auch anderer Staaten mit Minderheiten, der Einsatz militärischer Mittel durch die NATO im Kosovo-Krieg (unter Missachtung der Ablehnung Moskaus und Chinas und mit der „irrtümlichen“ Bombardierung der chinesischen Botschaft in Belgrad), eine Rolle, aber auch die Übernahme der Präsidentschaft in Russland durch den machtbewussteren und zugleich pragmatischeren Wladimir Putin. Gleichwohl führte diese Reorientierung nicht zu einer Blockbildung im Sinne einer abgestimmten und koordinierten Politik – weder inhaltlich bezogen auf deklarierte Ziele wie Stabilität und Prosperität noch nach außen etwa gegenüber der NATO. Die Ursachen hierfür liegen vor allem in divergenten Interessenperzeptionen sowie in der Verfolgung von Politiken, die die Beteiligung an regionalen und internationalen Institutionen im wesentlichen zum innenpolitisch instrumentalisierten *Imagebuilding* nutzen, aber real in weiten Bereichen von einer auf Souveränität beharrenden Praxis geprägt sind.

Es mag sein, dass zahlreiche externe Akteure (USA, China, Japan, EU, Russland, Indien, Pakistan, Iran, Türkei, Saudi-Arabien) energiepolitische, sicherheitspolitische oder strategische Interessen in Zentralasien verfolgen und in mehr oder minder großem Maße um politischen Einfluss in der Region konkurrieren. Empirisches Faktum ist aber, dass „(m)ajor powers cannot dictate outcomes the way imperial governments did a century ago" (Weitz 2006: 156). Der Hauptgrund liegt darin, dass die herrschenden Eliten Zentralasiens kein Interesse haben, dass ein auswärtiger Akteur die Region dominiert oder die Souveränität innen- und außenpolitischen Handelns einschränkt, und dass dieser Anspruch gegenüber der Umwelt auch durchgesetzt werden kann. Die Eliten verfolgen meist einen „multi-vektoralen" Ansatz[110], d.h. eine wirtschaftliche und politische Kooperation mit verschiedenen Akteuren, die sich gegenseitig ausbalancieren (vgl. auch Meister 2010). Mitte der 1990er Jahre verschlechterte sich die ökonomische Situation in der Region, und westliche Kreditgeber reduzierten angesichts der evidenten Misswirtschaft ihre Zahlungen, da die herrschenden Clans offenkundig vorrangig an ihrem Machterhalt und weniger an der Rückzahlung von Krediten interessiert waren (vgl. Collins 2006: 190). Auch dies vergrößerte die Distanz zwischen den postsowjetischen zentralasiatischen Staaten und dem Westen.

Wie anhand diverser Entwicklungen und Ereignisse gezeigt wurde, können weder die USA noch die Europäische Union den Gang der Dinge in Zentralasien wesentlich beeinflussen. Signifikantes Beispiel ist der Verlust des US-Stützpunktes in Usbekistan, nachdem US-amerikanische Einrichtungen das Vorgehen Taschkents gegen Oppositionelle kritisiert hatten. Von einem *Great Game*, an dem sich die USA mit aller Macht beteiligten, weil davon ihre zukünftige Machtposition in der Welt abhänge, ist wenig zu sehen. Viel mehr noch gilt dies für die EU, deren Zentralasien-Ansatz von vornherein weniger machtpolitisch als kooperativ angelegt ist. Dies gilt nicht nur für die Adressaten – die zentral-

110 In Kasachstan ist dieser Begriff Bestandteil der offiziellen außenpolitischen Doktrin.

asiatischen Staaten –, sondern auch für das Verhältnis zu anderen Mächten beim Bemühen um Stabilität und Prosperität in der Region.

Im Gegenteil: Um eine möglicherweise aufkommende Konkurrenz zu vermeiden, schloss sich die EU mit anderen Akteuren (USA, Russland, China, Japan) kurz und versuchte sich detailliert abzusprechen. Weder betrieb die EU eine Politik der Machtprojektion oder der Errichtung eigener Einflusssphären noch verfolgte sie Ziele, die die beabsichtigte Kooperation und Koordination zu beeinträchtigen drohten. Die Union formulierte explizit das Ziel, „den zentralasiatischen Ländern gegenüber einen partnerschaftlichen und nicht einfluss- oder machtorientierten Ansatz zu vertreten" (Sadyrbek 2009: 109).

Insbesondere aber nahm die Bedeutung Russlands in der Region ab. Sicher zeigte der Verlauf des Georgienkriegs im Sommer 2008, dass der westliche Einfluss im postsowjetischen Raum begrenzt ist, und er demonstrierte auch, dass Georgien und zumal Abchasien und Südossetien den USA und „dem Westen" nicht wichtig genug sind, um sich auf eine größere Auseinandersetzung mit Moskau einzulassen. Die Europäische Union versuchte umgehend mit der russischen Regierung eine Regelung zu treffen, der de facto die Abtrennung der beiden Provinzen zugrunde lag. Und Washington kehrte kurze Zeit später zum US-russischen *business as usual* – teilweise sogar mit der Tendenz einer Intensivierung der Beziehungen – zurück. Gleichzeitig wurden aber auch Moskau die Grenzen aufgezeigt. Kein Staat in der Region, auch nicht die engsten Verbündeten im postsowjetischen Raum, waren bereit, die Unabhängigkeit von Südossetien und Abchasien anzuerkennen. Bi- wie multilateral – etwa im Rahmen der SOZ – war höchstens eine laue Unterstützung für die russische Position erkennbar, und Moskau „sah sich unversehens isoliert", nachdem es durch die entschiedene und erfolgreiche Machtdemonstration seine außenpolitischen Stellung gestärkt wähnte (Schröder 2008: 11; vgl. auch Alff 2008: 16). Das Thema wurde auf einem Treffen der SOZ in Duschanbe Ende August 2008 angesprochen. Die gemeinsame Stellungnahme sah von einer Verurteilung Georgiens vollständig ab, rief die Konfliktparteien auf, die Probleme friedlich zu lösen, begrüßte den „Sechs-Punkte-Plan" der EU zur Beilegung des Konflikts und drückte ansonsten nur ihre Unterstützung für die „aktive Rolle Russlands bei der Förderung von Frieden und Kooperation in der Region" aus[111].

111 "The member states of the SCO express their deep concern in connection with the recent tension around the issue of South Ossetia, and call on the relevant parties to resolve existing problems in a peaceful way through dialogue, to make efforts for reconciliation and facilitation of negotiations. The member states of the SCO welcome the signing on 13 August 2008 in Moscow of the six principles of settling the conflict in South Ossetia, and support the active role of Russia in promoting peace and cooperation in the region" (SCO 2008). - „Russland hat mit dem Vorgehen in Georgien und noch mehr mit der

Russlands Reaktion auf den georgischen Angriff auf Südossetien führte im Ergebnis zu noch größerer Vorsicht auch in Zentralasien. Tendenziell wurde das Bestreben der zentralasiatischen Staaten verstärkt, mit China und der EU zu kooperieren – was indes wieder auf andere, bereits weiter oben erörterte Hindernisse stieß.

Die Bemühungen Chinas um Kooperation und institutionalisierten Austausch mit Zentralasien beruhen, wie gezeigt wurde, ebenfalls weniger auf Dominanzansprüchen und mehr auf sicherheitspolitischen und ökonomischen Motiven. Sicherheitspolitisch zentrales Anliegen ist die Eindämmung der „Drei Großen Übel" Extremismus, Terrorismus und Separatismus, die vor allem die westliche Grenzregionen Tibet und Xinjiang betreffen. Das Verhältnis Chinas zu Zentralasien ist ebenso wie das Russlands von internen Sicherheitsperzeptionen und dem Bemühen um die Stabilität des eigenen Staates geprägt. Sowohl China als auch Russland sind auf die Bewältigung der im eigenen Land als erstrangiges Sicherheitsproblem empfundenen Instabilitäten fokussiert, d.h. den Erhalt des Staates in den bestehenden Grenzen und die ökonomische Entwicklung als zentrale Legitimitätsressource für das bestehende Herrschaftssystem. Die Außenpolitik gegenüber Zentralasien ist diesen Interessen eingeordnet. Strategische Interessen gegenüber dem Westen spielen eine Rolle, sind aber eher auf der Ebene sicherheitspolitischer Analysen und Kommentare sowie im öffentlichen politischen Diskurs angesiedelt als auf der praktischen Ebene der Politik. Russland fehlen die Ressourcen, um einer Politik der Dominanz und Vorherrschaft, ist sie denn beabsichtigt, Nachdruck zu verleihen, und China setzt außenpolitisch eher auf Zurückhaltung denn auf Druckausübung. Peking propagiert den „Geist von Shanghai" (bezogen auf die deklarierte Politik im Rahmen der SOZ): friedliche Nachbarschaftsbeziehungen, Vertrauen, gemeinsamer Wohlstand, Achtung der staatlichen Souveränität und strikte Nichteinmischung in interne Angelegenheiten.

Dabei hat es die russische Politik nicht nur in ökonomischer Hinsicht schwerer als die chinesische, von den zentralasiatischen Eliten akzeptiert zu werden. Moskau war nicht nur die frühere Vormacht, von deren Strategien, Plänen und Direktiven man abhängig gewesen war. Die Sowjetunion war die Supermacht, die notfalls auch militärisch durchsetzte, was sie für richtig hielt. Diese historische Position wirkt, auch wenn sie heute nicht mehr den Gegebenheiten und

einseitigen Anerkennung der Souveränität Abchasiens und Südossetiens international wenig Unterstützung gefunden. Das wurde Ende August auf dem Gipfeltreffen der Shanghai-Organisation deutlich, die zwar ihre Sorge wegen des Konflikts in Südossetien ausdrückte, trotz russischen Bemühens die Unabhängigkeitserklärungen von Südossetien und Abchasien aber ignorierte" (Schröder 2008: 13f).

Machtverhältnissen entspricht, psychologisch nach. China kommt aus der Rolle des *underdog*, als der man sich wenigstens teilweise auch in Zentralasien fühlt, und ist in den vergangenen Jahrzehnten zu einer Weltmacht aufgestiegen. Diese Entwicklung weckt mit Blick auf die eigenen Ambitionen positive Assoziationen und bewirkt Identifikationen, auch wenn die Abwehrreflexe gegen die vor allem im ökonomischen Bereich empfundene Dominanz zunehmend stärker werden. Dabei schwingt aber auch Bewunderung mit – im Gegensatz zur Gefühlslage gegenüber Russland, das mit dem Zerfall der Sowjetunion gerade im postsowjetischen Raum als Verlierer des Jahrhunderts eingestuft wird.

Resümieren lässt sich, dass sich die Parameter sowohl der chinesischen als auch der russischen Politik gegenüber Zentralasien fundamental verändert haben. Zu Zeiten der Sowjetunion war Zentralasien für Peking die nicht zuletzt militärisch abzusichernde Grenze gegenüber der konkurrierenden und gefährlichen Großmacht UdSSR – für Moskau galt vice versa das Gleiche. Diese Form des zwischenstaatlichen Konfliktes wich für beide Seiten einer ganz anderen Gefahr, die Zentralasien seit der Unabhängigwerdung darstellte, nämlich der eines Epizentrums für die Ausbreitung von Fundamentalismus, Terrorismus und Separatismus, ergänzt durch Bedrohungen, die sich aus der Stellung Zentralasiens als Drehscheibe für den mittelasiatischen Drogenhandel ergeben. Gleichzeitig ist die Betonung der Gefahr des Terrorismus und die Identifizierung autonomistischer Bewegungen mit Separatismus und Extremismus offenkundig übertrieben und ein politisches Mittel der Repression sowie der Gewinnung von Legitimation für eine Politik der Durchsetzung des Han-chinesischen Nationalismus. Auf Seiten der zentralasiatischen Länder ist erkennbar, dass sie allesamt in den ersten zwei Jahrzehnten ihrer unabhängigen Existenz durchaus in der Lage gewesen sind, religiös-extremistischen und terroristischen Aktivitäten entgegenzutreten. Nirgendwo in den zentralasiatischen Ländern bestand in diesem Zeitraum die Gefahr einer ernsthaften Unterminimierung der Staatsmacht oder gar eines islamischen Umsturzes. Dies trug zum Selbstbewusstsein der dortigen politischen Eliten ebenso bei, wie es ihre Bereitschaft einschränkte, von außen herangetragenen Integrationsbemühungen nachzugeben, wenn diese als nicht vorteilhaft erachtet wurden.

Der Einfluss internationaler Organisationen, über die nationale Akteure Einfluss ausüben könnten, ist ebenfalls beschränkt. Turkmenistan etwa ist Mitglied der Vereinten Nationen wie auch der OSZE und einer Vielzahl anderer Organisationen, die Hilfsprogramme zur Entwicklung von Wirtschaft und Gesellschaft anbieten. Dennoch blieb die Wirkung von Beeinflussungsversuchen durch diese externen Akteure relativ gering. Die Führung hat das Land außenpolitisch für neutral erklärt. Turkmenistan hat sich – trotz formaler Bekenntnisse – vielfach der Implementierung von Reformen zur Stärkung von Demokratie und Marktwirtschaft widersetzt[112]. Der IWF stellte Turkmenistan aufgrund des fehlenden Reformwillens auch keine Kredite zur Stützung der Währung zur Verfügung. Die Tätigkeit internationaler NGOs wurde in Turkmenistan äußerst eingeschränkt. Die „Ärzte ohne Grenzen" verließen als letzte solcher humanitären Organisation Turkmenistan[113]. Der Grund, dass dort wie auch in diversen anderen zentralasiatischen Ländern erhebliche Beschränkungen für die Tätigkeit von NGOs erlassen wurden, lag nicht zuletzt in der Furcht vor einer Untergrabung bestehender politischer Verhältnisse[114].

Anders als in der ersten Hälfte der 1990er Jahre war auch die Bereitschaft der kasachischen Regierung, auf externe Stimmen zu hören, bald nur mehr begrenzt gegeben. Die neue wirtschaftliche Stärke ließ das Selbstbewusstsein wachsen. Die Regierung versuchte gleichwohl, sich international als berechenbarer Partner zu präsentieren und hierüber ihre Legitimität intern wie international zu steigern. In einer Mischung aus Anerkennung der Bedeutung des Landes und Hoffung auf Sozialisation durch Einbindung stimmten die meisten westlichen OSZE-Staaten der Übernahme der Präsidentschaft Kasachstans in der OSZE für 2010 zu. Positiv festzuhalten ist jedenfalls, dass das Land um eine konstruktive, friedliche Zusammenarbeit mit seinen Nachbarn bemüht war. U.a. wurden die vor allem mit Usbekistan problematischen Grenzabkommen zu einem Ende gebracht. Klüger, weltläufiger und auch etwas liberaler versuchte die kasachische Führung mit ihrer „multi-vektoralen" Außenpolitik und der Mitgliedschaft in möglichst vielen regionalen und internationalen Organisationen, sich Spielräume in Sachthemen und bezüglich anderer Akteure offen zu halten.

Die politisch Verantwortlichen in Kirgisistan arbeiteten ebenfalls mit regionalen und internationalen Organisationen zusammen, vor allem aber um Unterstützung für die Finanzierung des maroden Staatshaushaltes zu erlangen. Die Regierung versuchte möglichst viele ausländische Geber anzuziehen. Dabei half

112 Es bestehen sogar diplomatische Beziehungen zum Vatikan, obwohl die römisch-katholische Kirche in Turkmenistan nicht anerkannt und zugelassen ist.

113 "The country remains closed to independent human rights monitors, including Human Rights Watch, which as we noted above has been unable to access the country for more than ten years. In mid-December 2009, Medecins Sans Frontieres (MSF) announced that following repeated rejections on the part of Turkmen authorities of their project proposals, they were forced to close. MSF was the last remaining INGO in Turkmenistan, where it had been since 1999" (Human Rights Watch 2010).

114 "Throughout the CIS, INGOs have made little headway in altering the entrenched stranglehold that Soviet-era patrimonial authoritarian systems maintain on power. [...] A widespread perception exists in many of the post-Communist states that Western assistance was designed more for the benefit of supporting Western NGOs than for actually helping targeted countries" (Cooley 2003: 4).

ihr, dass ihr nach dem 11. September 2001 im Zuge des internationalen Anti-Terror-Kampfes und des Krieges in Afghanistan insbesondere in den USA eine strategische Bedeutung zugemessen wurde. Die Investitionen der Anti-Terror-Koalition sowie die Hilfen multi- und bilateraler Kreditgeber (u.a. IWF, Weltbank, Asiatische Entwicklungsbank) stellten eine Stütze für die Regierung dar. Trotzdem kam es 2005 zu einem nach anhaltenden Straßenkämpfen zugestandenen Regierungswechsel. Es wurde offenkundig, dass die erhaltenen Gelder nicht in den schleppenden Reformprozess, in die Restrukturierung von Infrastruktur und Unternehmen sowie zur Abfederung sozialer Härten der wirtschaftlichen Transformation investiert worden waren, sondern in Maßnahmen, die Loyalitäten zum Regime erhalten sollten. Nach der Absetzung des Präsidenten und dessen Flucht ins Ausland im Mai 2010 sowie dem Abklingen der Gewalt und der Übernahme der Macht durch eine neue Regierung sagten internationale Geldgeber Kirgisistan zur Stabilisierung Finanzhilfen in der Höhe von 1,1 Mrd. US-$ (848 Mio. €) zu. Auf einer Geberkonferenz in der Hauptstadt Bischkek im Juli 2010 verlautbarte, das Geld werde über einen Zeitraum von 30 Monaten zur Verfügung gestellt (vgl. Focus online 2010).

Die usbekische Führung verpflichtete sich international immer wieder zu Kooperation, verweigerte sich aber immer dort, wo angenommen wurde, dadurch Einfluss auf das eigene Land oder die Außenpolitik zu verlieren. Ausländische Investoren und internationale Organisationen begannen der Führung in Taschkent entsprechend distanziert gegenüberzustehen. Nach Gewaltanwendung usbekischer Sicherheitskräfte in Andischan 2005 kam die usbekische Regierung der Forderung der Vereinten Nationen nach der Einsetzung einer unabhängigen Untersuchungskommission nicht nach und zeigte sich auch von anschließenden Handelsembargos gegen Usbekistan unbeeindruckt. Allerdings bemühte sich die EU bald danach wieder um eine Verbesserung des Verhältnisses und um eine Reaktivierung der Kommunikation mit der usbekischen Führung – was sicher nicht zuletzt der Sorge geschuldet war, die Auseinandersetzungen könnten sich negativ auf die Nutzung des für die Verbindung nach Afghanistan wichtigen Stützpunktes Termes niederschlagen. Im Dezember 2006 beschloss die EU, den „politischen Dialog“ mit Usbekistan wieder aufzunehmen. Danach fanden zwei EU-usbekische Expertentreffen zu den Ereignissen in Andijan statt. Ferner hielt die Union im Mai 2007 mit Usbekistan als erstem Land in Zentralasien einen „institutionalisierten Menschenrechtsdialog“ ab, der 2008 und 2009 fortgeführt wurde[115].

---

115 Das Berliner Auswärtige Amt schätzte diese Entwicklung im Jahre 2010 positiv ein. „Usbekistan zeigt Interesse, sich aktiv in die Umsetzung der im Juni 2007 verabschiedeten Zentralasien-Strategie der EU einzubringen“ (Auswärtiges Amt 2010c).

Doch insgesamt kann festgehalten werden, dass die zentralasiatischen Staaten mit westlichen Staaten vor allem auf sicherheits- und außenhandelspolitischen Gebieten kooperierten, soweit sie darin keine Gefährdung für die politischen Verhältnisse in ihren Ländern erkannten. Ansonsten war man bemüht, externe Akteure und Interessen so auszubalancieren, dass kein einzelner Akteur zu großen Einfluss gewinnen würde.

Im Prinzip gilt dies auch für die SOZ. Sie wurde nur in einem geringen Maße zu einem eigenständigen Gestaltungsfaktor in Bezug auf denkbare Veränderungen der internen Verhältnisse der zentralasiatischen Mitglieder der Organisation. Vielmehr wird sie von den respektiven Eliten als ein Instrument der Wahrung innenpolitischer Stabilität gesehen und zu nutzen gesucht. Weder trat sie in regionalen Krisen als Ordnungsmacht in Erscheinung noch sind außenpolitische Aktivitäten erkennbar, die einen besonderen institutionellen Einfluss auf (koordinierte) außenpolitische Entscheidungen der zentralasiatischen Eliten erkennen lassen würden. Dies liegt z.T. daran, dass die SOZ von der Konkurrenz zwischen Russland und China gehemmt wird und unter den Mitgliedern divergierende Vorstellungen über den Umgang mit westlichen Ländern und Organisationen bestehen (vgl. Marat 2011). Mit Blick auf die zentralasiatischen Mitglieder ist zentral, dass sie sich von der Organisation bzw. ihren beiden „Supermächten" nicht vereinnahmen lassen und auch wenig Wert auf Integration legen. Ihr stark egozentriertes und instrumentelles Verhältnis zur Organisation lässt eine institutionelle Rückwirkung auf das je nationale Außen- und Kooperationsverhalten nur sehr eingeschränkt zu. Zentrales Anliegen bleibt Kooperation zwecks Absicherung bestehender Machtstrukturen in den jeweiligen Ländern. Wie gering ein darüber hinausgreifender Impetus besteht, wird in dem schon erwähnten Sachverhalt deutlich, dass es keine einzige Organisation gibt, in der die fünf zentralasiatischen Republiken unter sich zusammenarbeiten.

Betrachtet man diverse Interessenanalysen, dann waren die Ziele der Großmächte in Bezug auf Zentralasien im Wesentlichen dieselben: Bekämpfung von Extremismus und Terrorismus, Entwicklung der Ökonomien der respektiven Länder, Stabilität und Sicherung des Zugangs zu Ressourcen der Region, vor allem zu Energieressourcen. Die damit verbundenen Strategien wiesen freilich Divergenzen auf, und die je durchgeführten Politiken werden unterschiedlich bewertet. Am offenkundigsten war dies mit Blick auf das zur Eindämmung extremistischer Gewaltgruppen als notwendig erachtete Spektrum von Maßnahmen und Entwicklungen – vom Informationsaustausch über die polizeiliche und militärische Bekämpfung bis zur Entwicklung ökonomisch stabilerer Verhältnisse. Mehr Übereinstimmung gab es unter den produktiveren und überlegenen Volkswirtschaften der USA, der EU, Russlands und Chinas, die in mehr oder minder starkem Maße an einer Öffnung und einer Liberalisierung der zentralasiatischen Märkte interessiert waren. Hier ergab sich freilich eine weitere Bruchlinie in der Interessenkonstellation – nicht so sehr zwischen den externen Akteuren, sondern zwischen diesen und den herrschenden Eliten in den zentralasiatischen Staaten, die eine solche Politik – in unterschiedlicher Intensität – als Bedrohung eigener Ansprüche empfanden. Soweit es um strategische Auseinandersetzungen externer Akteure ging, war jedoch am stärksten eine Konkurrenz bezüglich des Zugriffs auf die Energieressourcen der Region zu vermuten.

Tatsächlich bezieht sich die Metapher vom *New Great Game* vorrangig auf diesen Sachverhalt. Die Substanz dieser Annahme bzw. dieser Beschreibung ist indes, wie diese Studie gezeigt hat, eher zweifelhaft. Erstens sind die Bestände an Öl und Gas in der Region, gemessen an anderen Regionen und Ländern wie Irak, Iran und Saudi-Arabien, eher bescheiden. Ein „Krieg um Öl" in Zentralasien wird nicht geführt und lohnt nicht. Zweitens ist der Bedarf an Investitionen in die Infrastruktur dieser Länder, um die vorhandenen Ressourcen zu nutzen, immens, was eine wesentliche Erklärung für die relative Zurückhaltung ausländischer Konzerne darstellt, sich massiv zu engagieren. Kasachstan verfügt nach gegenwärtigen Kenntnissen bloß über 1,1 Prozent, Turkmenistan immerhin über 4,3 Prozent und Usbekistan über knapp 1,0 Prozent der in der Welt angenommenen Erdgasvorkommen. Beim Erdöl kommt Kasachstan auf drei Prozent – die anderen zentralasiatischen Länder verfügen über keine nennenswerten Bestände. Die Tatsache, dass die zentralasiatischen Erdgas- und Erdölvorkommen quantitativ wenig beeindruckend sind, wird von einigen Analysten gleichwohl zu einem qualitativen Machtpotenzial verklärt: Das zentralasiatische Öl stehe nicht unter der Kontrolle der OPEC und besitze daher einen hohen strategischen Wert im Hinblick darauf, die Preisregulierungsmöglichkeiten der OPEC einzuschränken (Scholvin 2009: 4). Ähnlich unlogisch klingt unter der genannten Voraussetzung auch die These von der weniger großen Abhängigkeit von Russland durch zentralasiatisches Öl und Gas. Durch das zentralasiatische Erdgas, so die Annahme, hofften die Staaten der EU, von russischen Lieferungen unabhängig zu werden. Die EU-Mitglieder importieren, derzeit gut 60 Prozent ihres Bedarfs, und Prognosen für das Jahr 2030 sagen die Steigerung dieses Wertes auf etwa 80 Prozent voraus. Drei Fünftel des Bedarfs werden derzeit von Russland gedeckt (Scholvin 2009: 3). Wie mit Blick auf vorhandene Reserven und reale Förderung sowie die auch nicht von Altruismus geprägte Politik der zentralasiatischen Führungen die (noch dazu teuer zu erschließenden) zentralasiatischen Bestände einen substanziellen Beitrag zu größerer Energieunabhängigkeit leisten können, bleibt indes unklar.

Wie wenig interessant die Region im Sinne eines geopolitischen Machtkampfes ist, zeigte sich erst wieder im Juni 2010, als die kirgisische Führung anlässlich der schweren Ausschreitungen in der Gegend um Osch in Moskau um den Einsatz russischer Truppen ansuchte: Die russische Führung kam nicht einmal diesem Ersuchen nach, das ihr eine völlig legale und auch westlicherseits nicht in Frage gestellte Stationierung eigener Truppen ermöglicht hätte.

Der Zurückhaltung der EU wird aus der theoretischen Perspektive der Gesetzmäßigkeit internationalen Machtpokers der Vorwurf gemacht, sie agiere aus einer Mischung von Unverständnis und Ignoranz. So behauptete etwa Armineh, es sei zu erwarten, dass die Sicherheitsprobleme in Zentralasien „die nach innen gekehrte EU" dazu zwingen werde, eine offensivere Außenpolitik zu verfolgen, „schon allein" um die Versorgung mit Rohstoffen aus der Region gewährleisten zu können (Amineh 2006: 16). Konsequenterweise wurde gegen die dann im Jahre 2007 verabschiedete Zentralasien-Strategie der EU vorgebracht, nicht offensiv genug zu sein. Offen bleibt freilich, worin diese Offensive bestehen soll, wer sie bezahlen soll und inwiefern die Ergebnisse bisheriger Politik externer Akteure von dieser Kritik berücksichtigt werden.

Vor diesem Hintergrund stellt sich die Frage nach der Funktion der Stilisierung externer Einflussnahme auf Zentralasien als *New Great Game*. Die Schlussfolgerung, die sich aus der Diskrepanz zwischen empirischen Evidenzen und der Wahrnehmung eines strategischen Kampfes großer Mächte um Zentralasien ziehen lässt, ist, dass diese Prägung der Literatur über Zentralasien auf die in diesem Bereich der IB-Forschung nach wie vor existente Dominanz (neo-) realistischer Prämissen zurückzuführen ist. In dieser Sicht wird alles, was als neues Vakuum aufgrund des Zusammenbruchs bisher geltender Strukturen ausgemacht wird, zu einem Kampf um Ressourcen, Territorien, Prestige und Macht.

Wesentliche Argumente der VertreterInnen der These vom *New Great Game* wurden bereits im eingänglichen Teil der vorliegenden Untersuchung vorgestellt. An dieser Stelle sei nur noch das Argument aufgegriffen, dieses *Great Game* werde durch den im internationalen Trend liegenden Prozess der Ausbreitung von „failed" oder „failing states" auch in Zentralasien befördert: Je größer das Vakuum, desto größer die Notwendigkeit, der Wille oder die Versuchung, einzugreifen, um gegenüber konkurrierenden Mächten einen Vorteil zu erlangen und die eigene Sicherheit zu erhöhen. Dass bereits diese Gleichung ein theoretisches Konstrukt ist, das empirischen Gegebenheiten nicht standhält, kann an vielen Orten der Welt beobachtet werden; Somalia, der Jemen, ganze Regionen in Afrika sind dafür Beispiele. Auch Zentralasien ist kein Gebiet, wie gezeigt wurde, in dem sich die Weltmächte mit besonderer Intensität engagieren.

Die These von „failing states" in Zentralasien ist aber noch deswegen von Interesse, weil sie komplementär in der neo-realistischen Theorie vom Kampf der Mächte und von der angenommenen Ordnungsfunktion dieser Mächte eine wesentliche Rolle spielt: Sie ist verbunden mit dem liberalen Paradigma, das sich Herrschaft nicht anders funktionierend vorzustellen vermag als in den westlichen Gesellschaften.

Solcherart fallen außer Kasachstan alle zentralasiatischen Länder in das untere Drittel der 177 Länder, die der *Failed State Index* erfasst (siehe Tabelle 28 im Anhang). Zu diesem negativen Ranking tragen nicht zuletzt solche Faktoren wie fehlende oder unzureichende öffentliche Dienstleistungen, Menschenrechte, Flüchtlinge, das Ausmaß des Sicherheitsapparates und die „Delegitimation des Staates" bei.

Ohne hier im Einzelnen die Diskussion über „failed states" führen zu können[116], sei an dieser Stelle nur auf die schwache empirische Belastbarkeit und die hohe theoretische Inkonsistenz der Kriterienbestimmung in Bezug auf zentralasiatische Länder hingewiesen. Gerade die politischen Systeme zentralasiatischer Länder zeigen, dass weder der Exodus von Teileliten und die Arbeitssuche Hunderttausender in anderen Ländern wie Russland und Kasachstan, noch eine „ungleiche" ökonomische Entwicklung oder fehlende öffentliche Versorgung, weder verwehrte Menschenrechte und Demokratie noch ein überproportionaler Sicherheitsapparat dazu führen müssen, dass der Staat „schwach" wird oder gar zusammenbricht. Diese aus der Perspektive des liberalen Staatsverständnisses hoch entwickelter marktwirtschaftlicher Demokratien aufgestellten und kombinierten Parameter gehen an der Realität sozialpolitischer Stabilität anderer Systeme und Kulturen vielfach vorbei. In den zentralasiatischen Ländern wird vieles, was in westlichen Ländern als Staatsdefizit erscheint, durch auf Clans, Familien und Führer bezogene politische und Sozialstrukturen, Praktiken und Mentalitäten kompensiert. Vielfach gibt es auch ein schlichtes Missverständnis in Bezug auf Staatlichkeit. In diversen Bereichen des sozialen Lebens in Zentralasien fehlt der Staat, ist er schlicht nicht vorhanden – was noch lange nicht heißt, dass es sich dann um einen „schwachen" oder „failing state" handeln muss. Das Sozialsystem ist anders konstruiert, und das Herrschaftssystem kann dabei durchaus stabil sein, und zwar gerade deswegen, weil nicht der Staat für das Wohlergehen verantwortlich ist, sondern Loyalität über ein persönliches Klientelsystem gesteuert wird. In diesem Sinne greift oft auch die Kategorie „Delegitimation des Staates" ins Leere – empirisch nachvollziehbar an der Loyalität, die auch viele junge Menschen dem jeweiligen Präsidenten entgegen bringen, während die westliche Demokratie von eben diesen Menschen mit Misstrauen betrachtet wird.

Die Begriffe „weak states" oder „failing states" gehen also vielfach an der Realität politischer und sozialer Strukturen in anderen Regionen vorbei. Die

116 Eine kritische Auseinandersetzung mit Theorie und Empirie, bezogen auf die These von „failed states", führt z.B. Schlichte 2005.

meisten zentralasiatischen Staatsführungen genießen eine durch Repression erzwungene, Manipulation und Korruption erwirkte, aber auch durch traditionale Strukturen und Verhaltensmuster gestützte Legitimität. Die meisten Präsidenten konnten ihre Macht in den vergangenen 20 Jahren ausbauen. Und mit der Machtdauer nahm auch das Selbstbewusstsein der autoritären Führungen zu. Das galt gerade dort, wo Rohstoffausbeutung und -exporte die Staatskassen bzw. die Konten der herrschenden Eliten füllten und daher auch das loyalitätserzeugende Verteilungspotenzial entsprechend groß war. Dort, wo dies mangels natürlicher Voraussetzungen nicht der Fall war, wurde eine umso harschere Unterdrückungspolitik nach innen und eine umso rigorosere Abschottungspolitik nach außen praktiziert. Unterstützt wurde diese Politik partiell auch von externen *players*. Weder Russland noch China zeigten Interesse an einer Verbreitung westorientierter Ideologien in Zentralasien. Die SOZ war in diesem Sinne ein multilaterales, systemstabilisierendes Instrument.

Das gesteigerte Selbstbewusstsein existiert aber nicht nur gegenüber dem Westen, sondern auch gegenüber Russland und China. Versuche der Einflussnahme wurden nur dort positiv respondiert, wo dies den eigenen Interessen nützlich erschien. Tatsächlichen oder vermeintlichen Bevormundungsversuchen wurde entweder explizit oder auch stillschweigend eine Absage erteilt. Mit dieser Deskription der politischen Verhältnisse in Zentralasien ist freilich nicht impliziert, dass deren Stabilität und Legitimität intern nicht in Frage gestellt und unterminiert werden könnte. Unvorhersehbare Auseinandersetzungen in der Machthierarchie, neue wirtschaftliche Einbrüche oder regionale Sonderentwicklungen, die solche Konsequenzen bergen, sind keineswegs auszuschließen. Es geht hier vielmehr darum zu zeigen, dass die Kategorisierung als „weak“ oder „failing state“ mit Hilfe der Kriterien, die der Klassifikation zugrunde gelegt werden, in diversen Bereichen unzutreffend ist; dass hieraus fußende Annahmen bezüglich externer Abhängigkeiten und der internationalen Positionierung dieser Länder verfehlt sind; und dass die Perzeption eines Zusammenhangs zwischen Staatszerfall oder Staatsverfall, regionalem Vakuum und Kampf der Macht um Einfluss und Positionen in diesem Vakuum eine Konstruktion darstellt, der das empirische Argument fehlt.

Zum Abschluss sei hier noch eine Überlegung angefügt, die die *Great Game-Theoretiker* nicht nur als Theorie-fehlgeleitete, sondern auch durchaus rationale Akteure ins Licht treten lässt. Zweifellos ist unter forschungspolitischen und mittelakquirierenden Aspekten die Stilisierung dessen, was post-sowjetisch in Zentralasien passiert, als dramatisches *New Great Game* sich bekämpfender Weltmächte eine These, die mehr einzubringen verspricht als eine nüchterne Beschreibung der real stattfindenden ökonomischen und politischen Entwicklungen in einer Region, die die Weltmächte vor allem unter sicherheitspolitischen Aspekten – Terrorismus und Separatismus auf der einen, Afghanistan-Krieg auf der anderen Seite – und diverse Firmen und Konzerne sowie sie unterstützende staatliche Agenturen in einem begrenzten Ausmaß auch unter wirtschaftlichen Gesichtspunkten interessiert. Die energiepolitische Bedeutung Zentralasiens beschränkt sich im Wesentlichen auf die (im Weltmaßstab allerdings auch nicht herausragende) Ölressourcen Kasachstans und Gasressourcen Turkmenistans. Die Hypertrophie externer Konkurrenz um die Region in der Darstellung politikwissenschaftlicher und sicherheitspolitischer Analysen wurde außerdem – und auch hier gesteigert mit Blick auf Aufmerksamkeitserregung und Mittelakquisition – durch den Trend befördert, der mit „9/11", dem *war on terror* und einem perzipierten *clash of civilizations* (Samuel Huntington) verbunden war. All diese Schlagworte lassen sich zu einem „Bedrohungskomplex" verknüpfen, der nicht nur die Rüstungsindustrie v.a. in den USA vor schweren Einbrüchen nach dem Ende des Kalten Krieges bewahrt hat, sondern auch Sicherheits-Think-Tanks und Analysefabriken, denen in der neuen historischen Situation ihre Betätigungsfelder verlustig zu gehen drohten. Die Szenarien, die von diesen Interessenträgern in immer weiter gesteigerten Apokalypsen vorgetragen wurden, gipfelten in dem empirisch schon nicht mehr hinterfragbaren Dogma, die Welt sei gerade deswegen so gefährlich geworden, weil die Unsicherheiten und Bedrohungen „diffus" und nicht mehr klar erkenntlich seien.

Auf Seiten einiger politischer Eliten ist ein analoges Interesse zu vermerken, wobei sich Analyse und Wissenschaft auf der einen und Politik auf der anderen Seite vielfach nicht nur ergänzen, sondern auch noch wechselseitig bestätigen und verstärken. Die Rhetorik von „failed states", „Ressourcenkrieg" und von einem *New Great Game* lässt ihre politischen und wissenschaftlichen Proponenten wichtiger erscheinen als sie in Wirklichkeit sind. Diese Rhetorik erleichtert es, Apparate und Bürokratien zu rechtfertigen, die mit der Verteidigung propagierter eigener und angeblich von anderen Weltmächten oder „failed states" bedrohter Interessen befasst sind[117].

Die berühmte Figur auf der zufällig ebenfalls im Umbruchsjahr 1989 auf den Markt gebrachten Spielkonsole Game Boy war Super Mario. Sein Design war stark beeinflusst von den technischen Begrenzungen der Hardware: Sie erlaubte nur 16 x 16 Pixel für die Spielfigur. Die Ausführung verbesserte sich in den Nachfolgemodellen, sodass z.B. Star Wars-Adoptionen wie das Spiel *Clone Wars Republic Heroes* möglich wurden, in dem Jedi und Klonritter gegen die bösen Separatisten kämpfen und den Frieden in der Galaxis wieder herstellen. Bei den *Great Game Boys* verhält es sich umgekehrt: Die Verarbeitung von Informationen ist begrenzt durch die verwendete Software, den (Neo-) Realismus.

117 Zum damit zusammenhängenden *Securitization*-Diskurs siehe Ole Wæver 1995.

Empirische Daten, die nicht der Prämisse vom globalen Kampf um Ressourcen entsprechen, werden ausgeblendet. So wenig allerdings wie bei Spielkonsolen verhindert diese Restriktion den Erfolg des Produkts. Im Gegenteil: Gerade in der Vereinfachung und der spektakulären Überzeichnung liegt der Reiz für ErfinderInnen wie für KonsumentInnen des Spiels. Die Konstruktion des Spielinhalts ist ohnehin die gleiche wie bei den *Clone Wars Republic Heroes*: Die gute transatlantische Allianz kämpft gegen die böse sino-russische Koalition um die Vorherrschaft auf dem Planeten Zentralasien, damit dort nicht die finsteren Mächte des Chaos und der Diktatur herrschen und den Frieden und die Sicherheit in der ganzen Galaxis gefährden. Schließlich geht es um die Rettung der Zivilisation.

Anhang

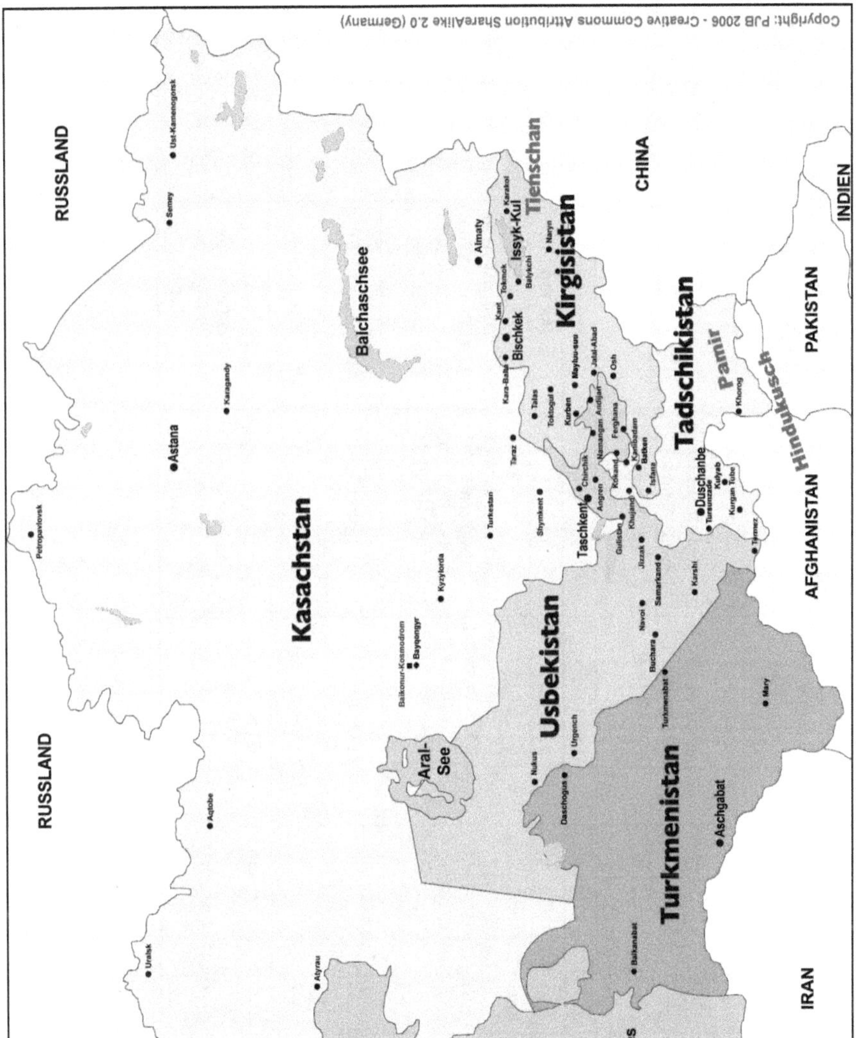

Karte 3: Die zentralasiatischen Länder

Tab. 20: Daten und Fakten zentralasiatischer Länder im Vergleich

	Kasachstan	Kirgisistan	Tadschikistan	Turkmenistan	Usbekistan
Hauptstadt	Astana (seit 10.12.97), 706.000 Einwohner	Bischkek (ehemals Frunse),1 Mio. Einwohner	Duschanbe, 680.000 Einwohner	Aschgabat, 860.000 Einwohner	Taschkent, 2,4 Mio. Einwohner
Staatsform	Präsidialsystem, Zwei-Kammern-Parlament mit eingeschränkten Kompetenzen. Begrenzte lokale Selbstverwaltung	Parlamentarisch-präsidentielle Demokratie	Präsidiale Republik mit Zweikammern-Parlament	Präsidialrepublik, Einkammerparlament	Präsidialdemokratie, Zweikammern-Parlament (seit den Parlamentswahlen im Dezember 2004)
Unabhängig seit	16.12.1991	31.08.1991	09.09.1991	27.10.1991	31.08.1991
Fläche (km²)	2,724.900	199.951	143.100	488.100	447.400
Landesgrenzen (km)	Insg. 12.185, davon zu China 1.533, Kirgisistan 1.224, Russland 6.846, Turkmenistan 379, Usbekistan 2.203	Insg. 3.051,davon zu China 858, Kasachstan 1,224, Tadschikistan 870, Usbekistan 1.099	Insg. 3.651, davon zu Afghanistan 1.206, China 414, Kirgisistan 870, Usbekistan 1.161	Insg. 3.736, davon zu Afghanistan 744, Iran 992, Kasachstan 379, Usbekistan 1.621	Insg. 6.221,davon zu Afghanistan 137, Kasachstan 2.203, Kirgisistan 1.099, Tadschikistan 1.161, Turkmenistan 1.621
Einwohnerzahl (Mio.)	16,197 (Volkszählung 01.01.2009)	5,509 (Stand 2010)	7,487 (Stand 2010)	4,94 (Stand 2010)	28,129 (Stand 2011)
Bevölkerungsdichte (Personen pro km²)	5,81 (Stand 2008)	27,52 (Stand 2008)	48,84 (Stand 2008)	10,73 (Stand 2008)	64,21 (Stand 2008)
Altersstruktur (Stand 2011)[1]	21,6 % 0 bis 14 Jahre, 71% 15 bis 64 Jahre, 7,4% 65 Jahre oder älter	29,3% 0 bis 14 Jahre, 65,4% 15 bis 64 Jahre, 5,3% 65 Jahre oder älter	33,9% 0 bis 14 Jahre, 62,7% 15 bis 64 Jahre, 3,4% 65 Jahre oder älter	27,5% 0 bis 14 Jahre, 68,4% 15 bis 64 Jahre, 4,1% 65 Jahre oder älter	26,5% 0 bis 14 Jahre, 68,8% 15 bis 64 Jahre, 4,7% 65 Jahre oder älter

1 Zahlen, die sich auf das Jahr 2011 beziehen, sind Schätzungen.

	Kasachstan	Kirgisistan	Tadschikistan	Turkmenistan	Usbekistan
Lebenserwartung bei der Geburt (Jahre, Stand 2011)	68,51	70,04	66,03	68,25	72,51
Bevölkerungs-wachstum (Prozent, Stand 2011)	0,40	1,427	1,846	1,138	0,94
Nettomigrationsrate (MigrantInnen/1000, Stand 2011)	-3,27	-2,6	-1,24	-1,92	-2,74
Urbanisierung[2] (Prozent, Stand 2010)	59	35	26	50	36
Ethnische Zusammensetzung	63,9% Kasachen, 23,7% Russen, Ukrainer und Weißrussen sowie 11,2% andere Nationalitäten (Usbeken, Deutsche, Uiguren, Tataren, Tschetschenen, Aserbaischaner, Armeniern, Kirgisen, Griechen, Koreaner, Türken u.a.)	70% Kirgisen, 8,4%Russen, 15% Usbeken (Zensus 2009)	68,4% Tadschiken, 24,8% Usbeken, 3,2% Russen sowie Kasachen, Kirgisen, Turkmenen; von den ca. 39.000 Deutschstämmigen (in 1979) sind nur noch etwa 1.200 im Lande.	77% Turkmenen, 9,2% Usbeken, 6,7% Russen, 2% Kasachen, 1,1% Tataren, je 0,8% Armenier, Aserbaidschaner, Beludschen, 0,5% Ukrainer sowie weitere Minderheiten (Stand 2006)	Ca. 80% Usbeken, 5% Russen, 5% Tadschiken, 3% Kasachen, 2,5% Karakalpaken sowie Tataren, Kirgisen, Turkmenen, Koreaner, Ukrainer, Armenier u.a. Ethnien

2 Anteil der Stadtbevölkerung an der Gesamtbevölkerung.

	Kasachstan	Kirgisistan	Tadschikistan	Turkmenistan	Usbekistan
Sprachen	Kasachisch (Staatssprache), daneben ist auch Russisch offizielle Amtssprache in staatlichen Organisationen und Organen der örtlichen Selbstverwaltung	Kirgisisch (Staatssprache), seit Mai 2000 auch Russisch "offizielle Sprache"; Bestandsgarantie für Sprachen nationaler Minderheiten	Tadschikisch (offizielle Sprache), Russisch wird auch verwendet	Übergang zum lateinischen Alphabet 1996, bis 2000 Turkmenisch und Russisch (Amtssprache); 2000 Präsidentenerlass, im öffentlichen Leben ausschließlich Turkmenisch mündlich und im Schriftverkehr zu verwenden.	Usbekisch (offizielle Amtssprache) und Russisch
BIP (Mrd. US-$, Stand 2010)	193,8	11,85	14,61	36,64	86,07
BIP pro Kopf (US-$, Stand 2010)	12.500	2.200	2.000	7.400	3.100
Human Development Index[3] (Stand 2009/2010)	0,711/0,714 Rang 66	0,594/0,598 Rang 109	0,576/0,580 Rang 112	0,662/0,669 Rang 87	0,612/0,617 Rang 102
Armut[4]	8,2% (Stand 2009)	40% (Stand 2004)	53% (Stand 2009)	30% (Stand 2004)	26% (Stand 2008)
GINI-Index[5]	28,2 (Stand 2008)	33,5 (Stand 2007)	32,6 (Stand 2006)	40,8 (Stand 1998)	36,8 (Stand 2003)

3 Der Human Development Index gibt an, wie entwickelt ein Land in Bezug auf folgende drei Aspekte ist: ein langes und gesundes Leben, Bildung und Lebensstandard. Der Index bedeutet 1,0 voll entwickelt, 0,0 kaum entwickelt. Der Rang bezieht sich auf die Gesamtzahl der im Jahr 2010 untersuchten 169 Länder.

4 Anteil der Bevölkerung, der unterhalb der Armutsgrenze lebt. Die Definition der Armutsgrenze basiert auf der Unterteilung der Bevölkerung in Untergruppen und kann je nach Land variieren.

5 Der GINI-Index drückt die Einkommensverteilung in einem Land aus: die Differenz zwischen absoluter Gleichverteilung (Vermögen des Landes ist auf alle gleich verteilt, Wert: 0) und absoluter Ungleichverteilung (das gesamte Vermögen wird von einer Person besessen, Wert: 100). Je größer also der Index-Wert, desto ungleicher die Vermögensverteilung in einem Land. Zum Vergleich Deutschland 2010: 0,885, Rang 10.

	Kasachstan	Kirgisistan	Tadschikistan	Turkmenistan	Usbekistan
Natürliche Ressourcen	Erdöl, Erdgas, Kohle, Eisenerz, Mangan, Chrom Erz, Nickel, Kobalt, Kupfer, Molybdän, Blei, Zink, Bauxit, Gold, Uran	Wasserkraft, Gold, seltene Erden, lokal nutzbare Kohle, Erdöl und Erdgas, Ablagerungen von Nephelin, Quecksilber, Wismut, Blei und Zink	Wasserkraft, Erdöl, Uran, Quecksilber, Braunkohle, Blei, Zink, Antimon, Wolfram, Silber, Gold	Erdöl, Erdgas, Schwefel, Salz	Erdgas, Erdöl, Kohle, Gold, Uran, Silber, Kupfer, Blei und Zink, Wolfram, Molybdän
Anteil der landwirtschaftlich nutzbaren Fläche	8,28%	6,55%	6,25%	4,51%	10,51%
Kommunikation	3.763 Mio. Telefonanschlüsse, 14.995 Mio. Mobiltelefone, 5.299 Mio. InternetnutzerInnen (Stand 2009), 53.984 Internet-Hosts (Stand 2010	498.300 Telefonanschlüsse, 4,487 Mio. Mobiltelefone, 2,195 Mio. InternetnutzerInnen (Stand 2009), 97.976 Internet-Hosts (Stand 2010)	290.000 Telefonanschlüsse, 4,9 Mio. Mobiltelefone, 700.000 InternetnutzerInnen (Stand 2009), 1.504 Internet-Hosts (Stand 2010)	478.000 Telefonanschlüsse, 1,5 Mio. Mobiltelefonnutzer, 80.400 Internetnutzer (Stand 2009), 794 Internet-Hosts (Stand 2010)	1,857 Mio. Telefonanschlüsse, 16,418 Mio. Mobiltelefonnutzer, 4,689 Mio. InternetnutzerInnen (Stand 2009). 47.718 Internet-Hosts (Stand 2010)
Militärausgaben (Prozent vom BIP)	1,1 (Stand 2010)	0,5 (Stand 2009)	1,5 (Stand 2010)	3,4 (Stand 2005)	3,5 (Stand 2010)

Quelle: CIA 2009; CIA 2010, Human Development Index, Auswärtiges Amt 2010

Karte 4: *Die GUS-Staaten (Turkmenistan ist assoziiertes Mitglied, die Ukraine bezeichnet sich selber als „Teilnehmerstaat".)*

Karte 5: *Die Staaten der EurAsEc*

Karte 6: *Die Staaten der OVKS*

Tab. 21: *Entwicklung der Alphabetisierungsrate der Bevölkerung in den zentralasiatischen Sowjetrepubliken, 1897-1990*

	1897	1926	1939	1959	1980	1990	
						Frauen	**Männer**
Kasachstan	8,1	25,1	83,6	96,9	97,7	98	99
Kirgistan	3,1	16,5	79,8	98,0	-	96	99
Tadschikistan	2,3	3,8	82,8	96,2	95,7	97	99
Turkmenistan	7,8	14,0	77,7	95,4	-	97	99
Usbekistan	3,6	11,6	78,7	98,1	97,8	98	99

Quelle: Albrecht 2006: 49

Tab. 22: *GDP growth Central Asia (annual %)*

Country	**1991**	**1992**	**1993**	**1994**	**1995**	**1996**	**1997**	**1998**	**1999**
KAZ	-11,00	-5,30	-9,20	-12,60	-8,20	0,50	1,70	-1,90	2,70
KIR	-7,85	-13,89	-15,46	-20,00	-5,42	7,08	9,92	2,12	3,66
TAJ	-7,10	-29,00	-16,40	-21,30	-12,40	-16,70	1,70	5,30	3,70
TUR	-4,70	-5,30	-10,00	-17,30	-7,20	6,70	-11,30	6,70	16,46
UZB	-0,49	-11,20	-2,30	-5,20	-0,90	1,70	5,20	4,30	4,30

(Fortsetzung folgende Seite)

Country	2000	2001	2002	2003	2004	2005	2006	2007	2008
KAZ	9,80	13,50	9,80	9,30	9,60	9,70	10,70	8,90	3,20
KIR	5,44	5,33	-0,02	7,03	7,03	-0,18	3,02	8,50	7,60
TAJ	8,30	10,20	9,10	10,20	10,60	6,70	7,00	7,80	7,90
TUR	18,59	20,43	15,80	17,10	17,20	13,00	11,40	11,60	9,80
UZB	3,80	4,20	4,00%	4,20	7,70	7,00	7,30	9,50	9,00

Quelle: Weltbank 2010c (28.12.2010)

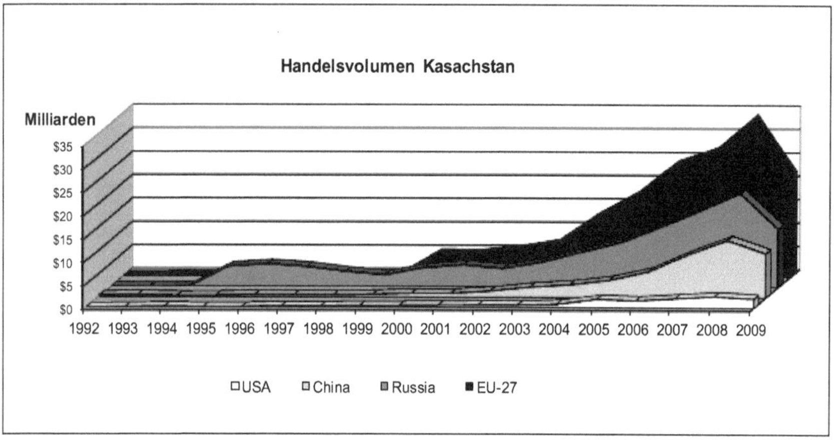

Grafik 10: Handelsvolumen Kasachstans 1992-2009 (in Milliarden US-Dollar)

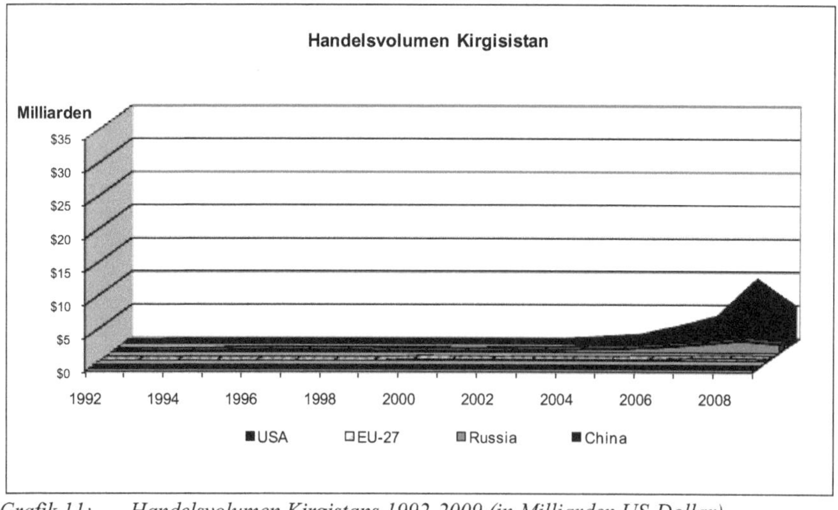

Grafik 11: Handelsvolumen Kirgistans 1992-2009 (in Milliarden US-Dollar)

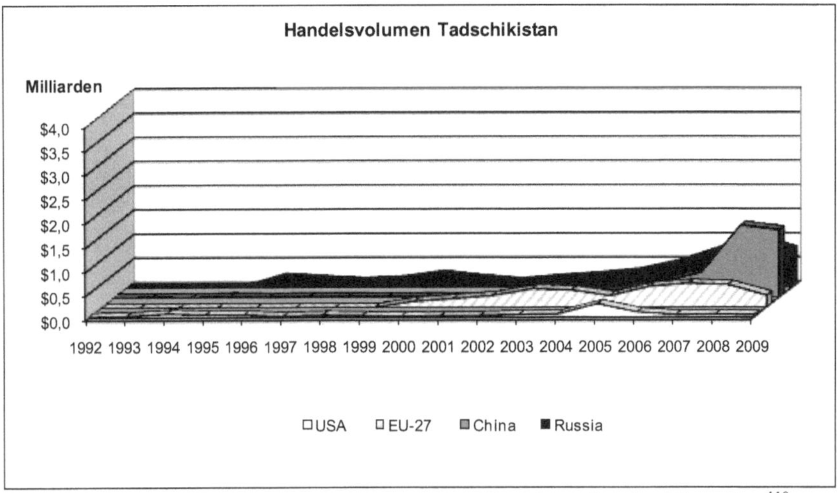

Grafik 12: Handelsvolumen Tadschikistans 1992-2009 (in Milliarden US-Dollar)[118]

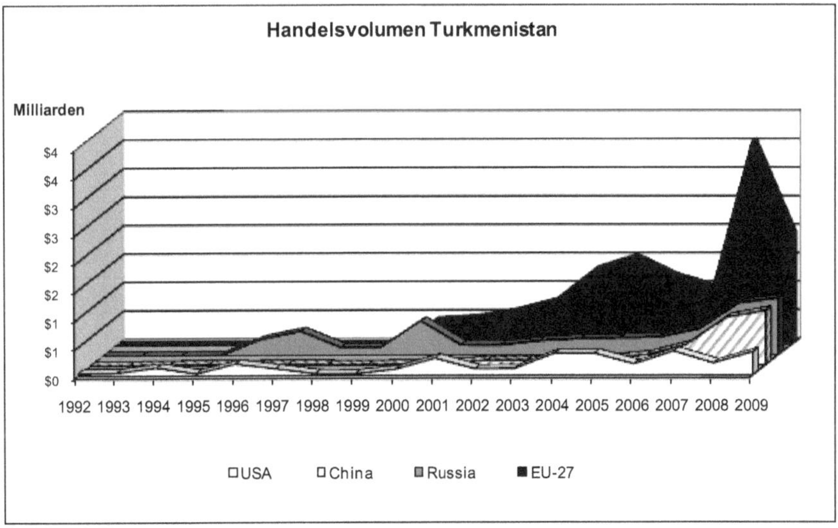

Grafik 13: Handelsvolumen Turkmenistans 1992-2009 (in Milliarden US-Dollar)

118 Aus Gründen der Anschaulichkeit unterscheidet sich die Skalierung der folgenden Grafiken von den vorhergehenden.

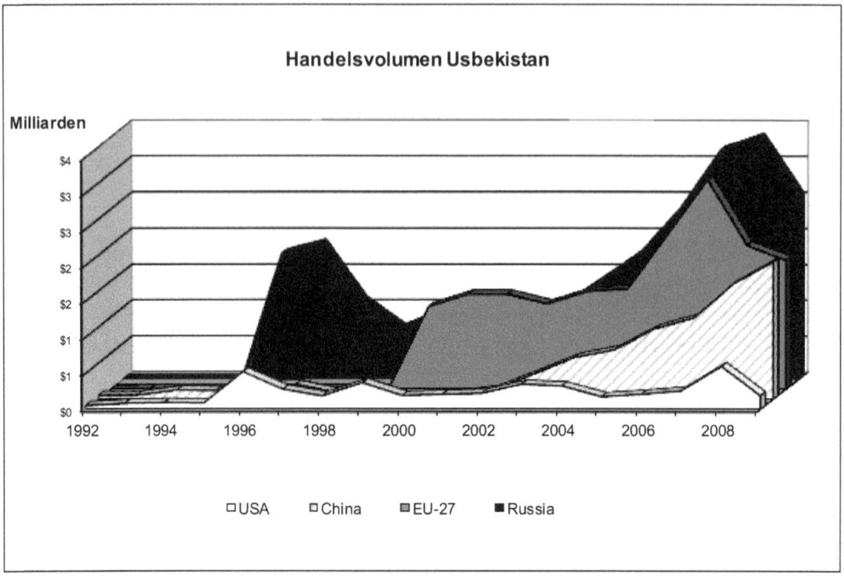

Grafik 14: Handelsvolumen Usbekistans 1992-2009 (in Milliarden US-Dollar). Quelle: United Nations Comtrade 2010

Tab. 23: Haupthandelspartner Usbekistans 2009 (in Mio. Euro)

	World (all countries)	**9.579,4**	**100,0%**
1	Russia	1.897,4	19,8%
2	Ukraine	1.454,1	15,2%
3	China	1.427,3	14,9%
4	EU27	1.353,2	14,1%
5	South Korea	928,5	9,7%
6	Kazakhstan	536,0	5,6%
7	Turkey	486,6	5,1%
8	Kyrgyz Republic	250,0	2,6%
9	Bangladesh	247,7	2,6%
10	Tadjikistan	137,2	1,4%
11	United States	135,4	1,4%
12	Japan	134,7	1,4%
13	Iran	114,3	1,2%
14	Belarus	96,6	1,0%
15	Turkmenistan	88,7	0,9%
16	India	63,6	0,7%
17	Switzerland	58,0	0,6%
18	Malaysia	28,2	0,3%
19	Canada	18,2	0,2%
20	Azerbaijan	17,9	0,2%

Tab. 24: Haupthandelspartner Kasachstans 2009 (in Mio. Euro)

	World (all countries)	**47.070,7**	**100,0%**
1	EU27	15.316,3	32,5%
2	China	10.095,8	21,4%
3	Russia	8.254,8	17,5%
4	Ukraine	2.478,2	5,3%
5	United States	1.507,3	3,2%
6	Turkey	1.197,2	2,5%
7	Uzbekistan	536,7	1,1%
8	Switzerland	505,2	1,1%
9	South Korea	409,1	0,9%
10	Kyrgyz Republic	340,2	0,7%
11	Japan	338,8	0,7%
12	Norway	314,5	0,7%
13	Belarus	294,9	0,6%
14	Azerbaijan	242,9	0,5%
15	Canada	242,1	0,5%
16	Iran	197,0	0,4%
17	Tadjikistan	170,2	0,4%
18	India	166,4	0,4%
19	Turkmenistan	121,2	0,3%
20	Afghanistan	108,2	0,2%

Tab. 25: Haupthandelspartner Kirgisistans 2009 (in Mio. Euro)

	World (all countries)	**4.990,6**	**100,0%**
1	China	2.395,6	48,0%
2	Russia	1.006,4	20,2%
3	Kazakhstan	350,1	7,0%
4	Uzbekistan	244,6	4,9%
5	Switzerland	235,7	4,7%
6	EU27	232,0	4,6%
7	Turkey	130,7	2,6%
8	Ukraine	68,8	1,4%
9	South Korea	52,6	1,1%
10	United States	45,3	0,9%
11	Belarus	44,9	0,9%
12	United Arab Emirates	39,8	0,8%
13	Afghanistan	29,0	0,6%
14	Japan	20,1	0,4%
15	Tadjikistan	19,0	0,4%
16	Iran	12,8	0,3%
17	India	9,1	0,2%
18	Azerbaijan	8,2	0,2%
19	Brazil	5,0	0,1%
20	Serbia	4,9	0,1%
21	Canada	4,8	0,1%
22	Turkmenistan	4,1	0,1%

Tab. 26: Haupthandelspartner Turkmenistans 2009 (in Mio. Euro)

	World (all countries)	**6.667,2**	**100,0%**
1	EU27	1.413,4	21,2%
2	Turkey	952,3	14,3%
3	China	853,8	12,8%
4	Russia	775,4	11,6%
5	Ukraine	760,3	11,4%
6	United Arab Emirates	395,2	5,9%
7	United States	305,5	4,6%
8	Iran	237,8	3,6%
9	Afghanistan	122,4	1,8%
10	Kazakhstan	116,1	1,7%
11	Uzbekistan	93,8	1,4%
12	Bermuda	69,7	1,0%
13	Georgia	50,9	0,8%
14	Gibraltar	45,6	0,7%
15	Belarus	44,8	0,7%
16	Tadjikistan	40,0	0,6%
17	Malaysia	39,7	0,6%
18	India	34,1	0,5%
19	Azerbaijan	34,0	0,5%
20	Saudi Arabia	29,9	0,4%
21	Japan	21,2	0,3%
22	Bangladesh	20,9	0,3%
23	South Korea	15,8	0,2%
24	Pakistan	13,1	0,2%
25	Armenia	11,4	0,2%
26	Switzerland	9,9	0,1%
27	Norway	8,5	0,1%
28	North Korea	8,4	0,1%
29	Hong Kong	6,9	0,1%
30	Brazil	5,7	0,1%
31	Canada	5,6	0,1%
32	Kyrgyz Republic	4,2	0,1%

Tab. 27: Haupthandelspartner Tadschikistans 2009 (in Mio. Euro)

	World (all countries)	**2.579,7**	**100,0%**
1	Russia	589,8	22,9%
2	China	584,6	22,7%
3	Kazakhstan	186,0	7,2%
4	EU27	179,6	7,0%
5	Turkey	168,5	6,5%
6	Uzbekistan	141,3	5,5%
7	Iran	124,9	4,8%
8	Ukraine	65,2	2,5%
			(Fortsetzung folgende Seite)

9	Afghanistan	58,2	2,3%
10	United Arab Emirates	53,6	2,1%
11	Azerbaijan	44,1	1,7%
12	Turkmenistan	43,8	1,7%
13	Bangladesh	42,3	1,6%
14	United States	39,2	1,5%
15	Belarus	38,1	1,5%
16	Bosnia-Herzegovina	36,4	1,4%
17	India	36,2	1,4%
18	Norway	36,2	1,4%
19	Kyrgyz Republic	27,2	1,1%
20	South Korea	25,8	1,0%

Quelle: Europäische Kommission 2010

Tab. 28: Ranking zentralasiatischer Länder im aktuellen Failed States Index

Country	**Demographic pressures**	**Group grievance**	**Human flight**	**Uneven development**
1. Somalia	9,6	10,0	9,7	8,3
36. Uzbekistan	7,7	5,1	7,4	6,6
38. Tajikistan	8,0	6,2	6,9	6,3
45. Kyrgyzstan	7,8	5,2	7,4	7,3
65. Turkmenistan	6,8	4,6	6,3	5,4
104. Kazakhstan	5,8	4,0	5,7	4,1
177. Norway	1,7	1,6	1,3	1,2

Country	**Human rights**	**External intervention**	**Refugees/ IDPs**	**Delegitimization of state**
1. Somalia	10,0	9,6	9,9	10,0
36. Uzbekistan	8,5	6,4	9,3	8,8
38. Tajikistan	8,9	7,3	8,7	7,3
45. Kyrgyzstan	8,4	6,3	7,6	7,6
65. Turkmenistan	8,4	7,0	9,0	7,7
104. Kazakhstan	7,5	5,5	7,1	6,3
177. Norway	0,8	1,1	1,6	1,2

Country	**Economic decline**	**Public services**	**Security aparatus**	**Factionalized elites**	**Total**
1. Somalia	8,0	9,6	10,0	9,6	114,3
36. Uzbekistan	8,5	7,0	9,0	6,2	90,5
38. Tajikistan	7,1	7,5	8,4	6,6	89,2
45. Kyrgyzstan	7,9	7,9	7,4	7,6	88,4
65. Turkmenistan	7,4	6,6	7,7	5,6	82,5
104. Kazakhstan	6,2	6,7	7,6	6,2	72,7
177. Norway	2,4	2,6	1,1	2,1	18,7

Quelle: Foreign Policy 2010

Tab. 29: Shanghai-Gruppe in Zahlen

	Jahr	**SCO-Mitgliedsländer**						**Staaten mit Beobachterstatus**			
		China	**Russland**	**KAZ**	**KIR**	**TAJ**	**UZB**	**Indien**	**Iran**	**Pakistan**	**Mongolei**
Bruttoinlands-produkt (BIP) in Mrd. US-$	**2000**	3.013	1.123	71,7	6,6	5,5	35,3	1.523	432,8	244,5	4,5
	2003	4.158	1.408	103,7	7,9	7,8	42,3	1.877	548,6	286,0	5,4
	2006	6.124	1.888	150,6	9,5	10,7	57,1	2.674	693,6	373,0	7,5
	2009	8.735	2.126	177,0	12,0	13,5	77,8	3.529	830,1	437,4	9,6
Militärausgaben in Mrd. kon-stanter (2008) US-$	**2000**	31,2	29,7	0,03	0,09	0,02	0,07	21,9	7,4	3,9	0,04
	2003	48,5	39,0	0,64	0,10	0,05	0,05	23,1	7,2	4,8	0,04
	2006	68,8	48,4	1,08	0,14	-	-	28,5	12,2	5,3	0,05
	2009	98,8	61,0	1,54	-	-	-	36,6	-	4,8	-
Bevölkerungszahl Ein-wohner in Mio.	**2000**	1.262	146,0	16,7	4,7	6,4	24,8	1.014	65,6	141,6	2,7
	2003	1.287	144,5	16,8	4,9	6,9	26,0	1.050	68,3	150,7	2,7
	2006	1.314	142,9	15,2	5,2	7,3	27,3	1.095	68,7	165,8	2,8
	2009	1.339	140,0	15,4	5,4	7,3	27,6	1.166	66,4	176,2	3,0
Streitkräfte Personal in Tsd.	**2000**	2.470	1.004	64,0	9,0	6,0	59,1	1.303	513,0	612,0	9,1
	2003	2.250	960,6	65,8	10,9	6,0	52,5	1.325	540,0	620,0	8,6
	2006	2.255	1.027	65,8	12,5	7,6	55,0	1.325	545,0	619,0	8,6
	2009	2.185	1.027	49,0	10,9	8,8	67,0	1.281	523,0	617,0	10,0

Quelle: Welt Trends Nr. 76, 2011, S. 77

Literatur und Quellen

Abdrachmanow, Kairat (2010): Botschaft des Vorsitzenden des Ständigen Rates, in: OSCE Magazine Nr. 1/2010.

Academic Encyclopedia (2010): Major Ethnic Groups in Central Asia. Online im Internet unter: http://de.academic.ru/pictures/dewiki/99/central_asia_ethnic.jpg (23.12.2010).

Albrecht, Jutta (2006): Entwicklung des Lebensstandards im postsowjetischen Zentralasien während der Transformation – Retrospektive und Zukunft. Online im Internet unter: http://deposit.ddb.de/cgi-bin/dokserv?idn=991970128&dok_var=d1&dok_ext=pdf&filename=991970128.pdf (28.12.2010).

Alff, Henryk (2008): Der Süd-Ossetien-Konflikt und die Krise der GUS – Pressestimmen aus Zentralasien, in: Zentralasien Analysen Nr. 08, 29.08.2008, S. 16.

Allison, Roy (2004): Strategic reassertion in Russia's Central Asia policy, in: International Affairs 80/2, S. 277-293.

American University of Central Asia (o.J.): 10 years of innovation. Online im Internet unter: http://auca.kg/en/about_auca/10_Years_innovation (25.08.2010).

Apelt, Beate (2008): Russland und Usbekistan: Sicherheitspolitische und ökonomische Beziehungen, in: SWP Diskussionspapier 2008/3.

Aris, Stephen (2010a): Russia's Approach to Multilateral Cooperation in the Post-Soviet Space: CSTO, EurAsEC and SCO, in: Russian Analytical Digest 76/10, S. 2-5.

Aris, Stephen (2010b): Die zentralasiatischen Republiken und die Shanghai Organisation für Zusammenarbeit, in: Zentralasien Analysen Nr. 28, 28.04.2010), S. 2-5. Online im Internet unter: http://www.laender-analysen.de/zentralasien/pdf/ZentralasienAnalysen28.pdf (13.01.2011).

Asian Development Bank (2004): Education Reforms in Countries in Transition – Policies and Processes. Online im Internet unter: http://www.adb.org/Education/educ-reforms-countries.pdf (26.08.2010).

Asian Development Bank (2010): Asian Development Outlook 2010 Update – The Future of Growth in Asia. Online im Internet unter: http://www.adb.org/documents/books/ado/2010/update/default.asp (05.10.2010).

Auswärtiges Amt (2010a): Kasachstan. Online im Internet unter: http://www.auswaertiges-amt.de/DE/Aussenpolitik/Laender/Laenderinfos/Kasachstan/Aussenpolitik_node.html (19.07.2010).

Auswärtiges Amt (2010b): China – Außenpolitik. Online im Internet unter: http://www.auswaertiges-amt.de/DE/Aussenpolitik/Laender/Laenderinfos/China/Aussenpolitik_node.html (13.7.2010).

Auswärtiges Amt (2010c): Usbekistan – Außenpolitik. Online im Internet unter: http://www.auswaertiges-amt.de/DE/Aussenpolitik/Laender/Laenderinfos/Usbekistan/Aussenpolitik_node.html (26.08.2010).

Auswärtiges Amt (2010d): Bedeutung der Region Zentralasien für Deutschland und Europa. Online im Internet unter: http://www.auswaertiges-amt.de/DE/Europa/Aussenpolitik/Regionalabkommen/Zentralasien_node.html (23.12.2010).

Azpuru, Dinorah/Finkel, Steven E./Pérez-Liñán, Aníbal/Seligson, Mitchell A. (2008): Trends in Democracy Assistance – What Has the United States Been Doing?, in: Journal of Democracy Vol. 19/2. Online im Internet unter: http://www.journalofdemocracy.org/articles/gratis/SeligsonGraphics-19-2.pdf (26.08.2010).

Bahr, Julia (2009): Wasserkonflikte in Zentralasien – Akteure, Interessendisparitäten und Ansatze für die Entschärfung des regionalen Konfliktpotentials, in: WeltTrends Thesis, Potsdam: Universitätsverlag.

Bailes, Alyson J. K./Dunay, Pál/Guang, Pan/Troitskiy, Mikhail (2007): The Shanghai Cooperation Organization, in: SIPRI Policy Paper No. 17, Bromma: CM Gruppen.

Baran, Zeyno (2002): The Caucasus: Ten Years after Independence, The Washington Quarterly 25.1. Online im Internet unter: http://www.twq.com/02winter/baran.pdf (24.05.2011).

BBC News (2007): Profile: Kurbanguly Berdymukhamedov. Online im Internet unter: http://news.bbc.co.uk/2/hi/asia-pacific/6346185.stm (25.08.2010).

BBC News (2010): Kyrgyzstan timeline – a chronology of key events. Online im Internet unter: http://news.bbc.co.uk/2/hi/asia-pacific/1296570.stm (25.08.2010).

Becker, Alwin (2009): SOZ-Staaten wollen gemeinsam gegen die Wirtschaftskrise vorgehen, in: Entwicklungspolitik Online. Online im Internet unter: http://www.epo.de/index.php?option=com_content&view=article&id=

5126:soz-staaten-wollen-gemeinsam-gegen-die-wirtschaftskrise-vorgehen&catid=28&Itemid=70 (24.08.2010).

Becker, Christian (2011): Die Shanghaier Cooperation Organization, unveröffentlichte Dissertation, Hamburg.

Benzing, Johannes (1943): Turkestan – Die Bücherei des Ostraumes, Berlin: O. Stollberg.

Benzing, Johannes (1953): Einführung in das Studium der altaischen Philologie und der Turkologie, Wiesbaden: Harrassowitz.

Bhattacharji, Preeti (2008): Uighurs and China's Xinjiang Region, New York: Council on Foreign Relations. Online im Internet unter: http://www.cfr.org/publication/16870/uighurs_and_chinas_xinjiang_region.html (12.01.2011).

Bin, Yu (2006): Central Asia Between Competition and Cooperation, Washington, DC: Foreign Policy In Focus. Online im Internet unter: http://www.fpif.org/articles/central_asia_between_competition_and_cooperation (15.12.2010).

Bohr, Annette (2004): Regionalism in Central Asia: new geopolitics, old regional order, in: International Affairs, Vol. 80, No. 3, S. 485-502.

Boneberg, Franziska (2008): Zentralasien: Zwischen Kooperation und Konfrontation, in: Aktuelle Ostinformationen 3/4 2008, S. 47-55. Online im Internet unter: http://www.gesw.de/wp-content/uploads/2010/09/ao_34_2008.pdf (01.02.2011).

BP Statistical Review of World Energy (2010). Online im Internet unter: http://www.bp.com/liveassets/bp_internet/globalbp/globalbp_uk_english/reports_and_publications/statistical_energy_review_2008/STAGING/local_assets/2010_downloads/statistical_review_of_world_energy_full_report_2010.pdf (23.06.2011)

Brummer, Klaus, Weiss, Stefani (2007): Europa im Wettlauf um Öl und Gas, Bertelsmann Stiftung. Online im Internet unter: http://www.bertelsmann-stiftung.de/bst/de/media/xcms_bst_dms_21446_21447_2.pdf (24.05.2011).

Brzezinski, Zbigniew (1997): Die einzige Weltmacht, Weinheim und Berlin: Beltz Quadriga Verlag.

CIA (2008): The World Fact Book. Inzwischen nur noch abrufbar unter: https://www.cia.gov/library/publications/download/

CIA (2009): The World Fact Book. Inzwischen nur noch abrufbar unter: https://www.cia.gov/library/publications/download/

CIA (2010): The World Fact Book. Inzwischen nur noch abrufbar unter: https://www.cia.gov/library/publications/download/

CIA (2011) The World Fact Book. Online im Internet unter: https://www.cia.gov/library/publications/the-world-factbook/

Clement, Hermann (2003): Die Wirtschaftsstruktur Russlands, in: Aus Politik und Zeitgeschichte Band 16-17/2003.

Collective Security Treaty Organisation (2008): Declaration of the Moscow Session of the Collective Security Council of the Collective Security Treaty Organisation. Online im Internet unter: http://www.odkb.gov.ru/start/index_engl_official_statements.htm (21.07.2010).

Collins, Kathleen (2002): Clans, Pacts, and Politics in Central Asia., in: Journal of Democracy Volume 13, No. 3, S. 137-152.

Collins, Kathleen (2003): The political role of clans in Central Asia., in: Comparative Politics, Vol. 35, No. 2, S. 171-190.

Collins, Kathleen (2006): Clan politics and regime transition in Central Asia, Cambridge: Cambridge University Press.

Constitutional Council of the Republic of Kazakhstan (2007): Constitution of the Republic of Kazakhstan – August 30 1995. Online im Internet unter: http://www.constcouncil.kz/eng/norpb/constrk/ (13.01.2011).

Cooley, Alexander (2003): Western Conditions and Domestic Choices: The Influence of External Actors on the Post-Communist Transition. Online im Internet unter: http://www.barnard.edu/polisci/faculty/cooley/freedm-03.pdf (26.08.2010).

Cooley, Alexander (2008): US Bases and Democratization in Central Asia, Foreign Policy Research Institute, S. 65-90. Online im Internet unter: http://www.barnard.edu/polisci/faculty/cooley/Orbis-AC.pdf (12.08.2010).

Dadabaev, Timur (2007): Central Asian Regional Integration – Between Reality and Myth, in: Central Asia – Caucasus Analyst 18.

Deutsche UNESCO-Kommission e.V. (2010): Wasser- und Landnutzungsforschung in Usbekistan. Online im Internet unter: http://www.unesco.de/khorezm_projekt.html (13.01.2011).

Deutsch-Kasachische Universität (2010): Kurze Geschichte der DKU. Online im Internet unter: http://www.dku.kz/dkuwiki/index.php?title=Geschichte (25.08.2010).

Die Zeit (2009): Kirgistan will US-Stützpunkt schließen. Online im Internet unter: http://www.zeit.de/online/2009/06/afghanistan-logistikpoker (12.08.2010).

Die Zeit (2010): Menschenjagd. Online im Internet unter: http://www.zeit.de/2010/25/Kirgistan-Pogrome (27.07.2010).

Economy Watch (2010): Middle East Central Asia Trade Imports and Exports. Online im Internet unter: http://www.economywatch.com/world_economy/middle-east-central-asian/export-import.html (06.10.2010).

Ellinger, Ekkehard (2006): Deutsche Orientalistik zur Zeit des Nationalsozialismus 1933-1945, Berlin: deux mondes.

Eschment, Beate (2000): Autoritäre Präsidialregime statt Parteiendemokratien in Zentralasien, in: Aus Politik und Zeitgeschichte Heft 21/2000.

Eschment, Beate (2009): Stabilität und Sicherheit in Zentralasien unter besonderer Berücksichtigung Afghanistans, Berlin: Friedrich Ebert Stiftung.

Eschment, Beate (2010): Parlamentswahlen in Kirgistan – Free and fair, aber dennoch nicht unproblematisch, in: Zentralasien Analysen Nr. 34, S. 12-14. Online im Internet unter: http://www.laender-analysen.de/zentralasien/pdf/ZentralasienAnalysen34.pdf (06.01.2011).

Eurasian Economic Center (2010): Offizielle Internet Präsenz. Online im Internet unter: http://www.eurasian-ec.com/index.php?option=com_content&task=view&id=2&Itemid=7 (28.12.2010).

EurasiaNet.org (2008): Central Asia: A vision for a regional transport network takes shape. Online im Internet unter: http://www.eurasianet.org/departments/insight/articles/eav011407.shtml (28.07.2010).

EurasiaNet.org (2009a): Kyrgyzstan – Russians Kant leave military airbase for 49 years. Online im Internet unter: http://www.eurasianet.org/departments/news/articles/eav052909.shtml (19.07.10).

EurasiaNet.org (2009b): Uzbekistan: A Social Problem Brews, as Labor Migrants Return With Nothing to Do. Online im Internet unter: http://www.eurasianet.org/departments/insightb/articles/eav031209.shtml (18.08.2010).

EurasiaNet.org (2010): New Kyrgyz Constitution Strong on Promises, Vague on Checks and Balances. Online im Internet unter: http://www.eurasianet.org/node/60985 (25.08.2010).

Eurasia Daily Monitor (2009): Kant Air Base and Russia's Strategic Planning in Central Asia. Online im Internet unter: http://www.jamestown.org/programs/edm/single/?tx_ttnews%5Btt_news%5D=34651&tx_ttnews%5BbackPid%5D=407&no_cache=1 (22.07.2010).

Europa.eu (2007): Partnerschafts- und Kooperationsabkommen (PKA). Online im Internet unter: http://europa.eu/legislation_summaries/external_relations/relations_with_third_countries/eastern_europe_and_central_asia/r17002_de.htm (26.08.2010).

Europäische Kommission (2010): Trade Statistics. Online im Internet unter: http://trade.ec.europa.eu/doclib/cfm/doclib_results.cfm?key=tajikistan&opt=1&dis=20&lan=all&ty=Statistics&sta=1&en=20&page=1&year1=&year2=&sector=all&country=all&langId=en (05.10.2010).

European Treaties Office (2008): List of treaties by country – Turkmenistan. Online im Internet unter: http://ec.europa.eu/world/agreements/searchByCountryAndContinent.do?countryId=3855&countryName=Turkmenistan (26.08.2010).

European Treaties Office (2010): Partnership and Cooperation Agreement establishing a partnership between the European Communities and their Member States, of the one part, and the Republic of Tajikistan, of the other part. Online im Internet unter: http://ec.europa.eu/world/agreements/prepareCreateTreatiesWorkspace/treatiesGeneralData.do?step=0&redirect =true&treatyId=7341 (26.08.2010).

European Commission (2008): Central Asia. Online im Internet unter: http://ec.europa.eu/trade/creating-opportunities/bilateral-relations/regions/central-asia/index_en.htm (17.08.2010).

European Commission: Transport Corridor Europe – Caucasus – Asia (TRACECA) (o.J.). Online im Internet unter: http://ec.europa.eu/europeaid/where/asia/regional-cooperation-central-asia/transport/traceca_en.htm (17.05.2011).

Expert Kasachstan No 1(3) (2004): O dejatelnosti CNPC na territorii Kasachstana [Über die CNPC Tätigkeit auf dem Territorium Kasachstans], Online im Internet unter: http://www.expert.ru/printis-sues/kazakhstan/2004/01/01ka-knelson1/ (17.4.2011).

FAZ (2010): Chinesische Militärs wollen Amerika nicht herausfordern. Online im Internet unter: http://www.faz.net/s/RubDDBDABB9457A437BAA85 A49C26FB23A0/Doc~E1088DD0EE11C46A1BB442E275BECE41A~ATpl~Ecommon~Scontent.html (28.07.2010).

Feng, Shaolei (2007): Chinese-Russian Strategic Relations: The Central Asian Angle, in: Davis, Elizabeth Van Wie/Azizian, Rouben (Hrsg.): Islam, Oil, and Geopolitics. Central Asia after September 11, Plymouth: Rowman & Littlefield Publishers, Inc., S. 203-216.

Filipiak, Kai (2009): Das Militär der Volksrepublik China, in: Bundeszentrale für Politische Bildung (2009): Dossier China. Online im Internet unter: http://www.bpb.de/themen/828VZK,0,0,Das_Milit%E4r_der_Volksrepublik_China.html (28.07.2010).

Financial Times Deutschland (2010): Kreml will wieder lieb sein. Online im Internet unter: http://www.ftd.de/politik/international/:neue-aussenpolitik-kreml-will-wieder-lieb-sein/50114250.html (20.07.2010).

Fletcher, Holly/Bajoria, Jayshree (2008): The East Turkestan Islamic Movement (ETIM), New York: Council on Foreign Relations.

Focus Online (2010): 1,1 Milliarden Dollar Finanzhilfe für Kirgistan. Online im Internet unter: http://www.focus.de/politik/weitere-meldungen/kirgistan-1-1-milliarden-dollar-finanzhilfe-fuer-kirgistan_aid_535045.html (26.08.2010).

Fokus Ost-Südost (2009): EU-Hilfe für Hochschulreform in Kirgisistan. Online im Internet unter: http://www.dw-world.de/dw/article/0,,4093228,00.html (26.08.2010).

Foreign Policy (2010): The Failed State Index. Online im Internet unter: http://www.foreignpolicy.com/files/fp_uploaded_documents/100629_FSI%20Scores2010Clean.pdf (05.01.2011).

Frankfurter Rundschau (2009): OSZE-Vorsitz: Kasachstan - bei Menschenrechten ein blinder Fleck. Online im Internet unter: http://www.fr-online.de/politik/kasachstan---bei-menschenrechten-ein-blinder-fleck/-/1472596/3366414/-/index.html (12.08.2010).

Freedom House (2010): Map of Freedom in the world. Online im Internet unter: http://www.freedomhouse.org/template.cfm?page=363&year=2010&country=7938 (12.08.2010).

Fu, Jen-kun (2010): Reassessing a "New Great Game" between India and China in Central Asia, in: China and Eurasia Forum Quarterly, Volume 8, No. 1, S. 17–22.

Ganguli, Ina (2009): Tajik Labor Migration to Russia: Is Tajikistan at a crossroads?, in: IREX Scholar Research Brief, Harvard University. Online im Internet unter: http://www.irex.org/resource/tajik-labor-migration-russia-tajikistan-crossroads-research-brief (19.01.2011).

Geiss, Paul Georg (2003): Pre-Tsarist and Tsarist Central Asia – Communal Commitment and Political Order in Change, London and New York: Routledge.

Genc, Savas (2006): Das neue "Great Game" in Zentralasien um das Erdöl. Eine Region im Fadenkreuz der internationalen Interessen, Heidelberg: Hochschulschrift.

Generalkonsulat der Volksrepublik China in Hamburg (2009): China veröffentlicht Weißbuch über Landesverteidigung. Online im Internet unter: http://hamburg.chineseconsulate.org/det/fyrth/t533011.htm (28.07.2010).

Geppert, Kerstin (2010): Die Shanghaier Organisation für Zusammenarbeit, in: Konrad Adenauer Stiftung: Länderbericht. Online im Internet unter: http://www.kas.de/wf/doc/kas_18687-544-1-30.pdf (24.08.2010).

Germany Trade and Invest (2010): EU engagiert sich stärker in Zentralasien. Online im Internet unter: http://www.gtai.de/DE/Navigation/Datenbank-Recherche/Laender-und-Maerkte/Recherche-Laender-und-Maerkte/recherche-laender-und-maerkte-node.html (26.08.2010).

Global Defence.net (2010a): Turkstaaten – Usbekistan – Wirtschaft. Online im Internet unter: http://www.globaldefence.net/kulturen-im-konflikt/30-islamische-kulturen-und-israel/240-turkstaaten-usbekistan.html?start=1 (18.08.2010).

Global Defence.net (2010b): Turkstaaten – Kasachstan – Wirtschaft. Online im Internet unter: http://www.globaldefence.net/kulturen-im-konflikt/islamische-kulturen/227-turkstaaten-kasachstan.html?start=1 (18.08.2010).

Godehardt, Nadine (2008): Gegensätze in Zentralasien: China und Russland ziehen nicht an einem Strang, in: GIGA Focus Asien, No. 1.

Goldman, Marshall (2009): Das Oel-Imperium – Russlands Weg zurück zur Supermacht, Kulmbach: Börsenmedien AG.

Götz, Roland (2006): Russlands Wirtschaftsentwicklung, Berlin: SWP Diskussionspapier. Online im Internet unter: http://www.swp-berlin.org/fileadmin/contents/products/arbeitspapiere/gtz_russldwirtsch_ks.pdf (16.3.2011)

Götz, Roland (2008): Russland und der Kaspische Raum – Exportschlager Energie, in: Bundeszentrale für Politische Bildung (2008): Der Globale Energiemarkt. Online im Internet unter: http://www.bpb.de/themen/18JURD,0,0,Russland_und_der_Kaspische_Raum_%96_Exportschlager_Energie.html (22.07.2010).

Götz, R./Halbach, U: Turkmenistan: Informationen über eine unbekannte Republik. Teil I: Landeskunde und politische Entwicklung. Berichte des Bundesinstituts für ostwissenschaftliche und internationale Studien, Nr. 42. Köln 1995, S. 18.

GUAM (2010): Offizielle Internet Präsenz. Online im Internet unter: http://guam-organization.org/en; http://www.ecosecretariat.org (28.12.2010).

Gumppenberg, Marie-Carin von (2007): Die neue Armut, in: Das Parlament Nr. 19. Online im Internet unter: http://webarchiv.bundestag.de/cgi/show.php?fileToLoad=1719&id=1149 (27.01.2011).

Hahn, Patricia von (2004): Zwischen Widerstand und Konformität – Zur Diversität uigurischer Identität in Xinjiang drei Jahre nach dem 11. September 2001, in: GIGA (2004): China Aktuell, S. 991-1004. Online im Internet unter: http://www.giga-hamburg.de/openaccess/chinaaktuell/2004_9/giga_cha_2004_9_vonhahn.pdf (28.07.2010).

Halbach, Uwe (1997): Zentralasien – eine Weltregion formiert sich neu, Bonn: FES Library.

Halbach, Uwe (2006): „Neue Seidenstraße“ und „New Great Game“- Zentralasien nach dem Zerfall der Sowjetunion, Stiftung Wissenschaft und Politik Berlin.

Halbach, Uwe (2007): Das Erbe der Sowjetunion – Kontinuitäten und Brüche in Zentralasien, in: Sapper, Manfred (Hrsg.) (2007): Machtmosaik Zentralasien : Traditionen, Restriktionen, Aspirationen, Bonn: Bundeszentrale für Politische Bildung.

Halbach, Uwe (2008): Regionalorganisationen in Zentralasien zwischen Integrationstheater und realer Kooperation, in: Zentralasien Analysen Nr. 01, 30.01.2008, S. 3-6. Online im Internet unter: http://www.laender-analysen.de/zentralasien/pdf/ZentralasienAnalysen01.pdf (06.01.2011).

Halbach, Uwe (2009): Die Weltwirtschaftskrise in Kaukasien und Zentralasien, in: SWP-Aktuell 20, April 2009, Stiftung Wissenschaft und Politik Berlin.

Heuer-Vogel, Daniela(2000): Die Politisierung ethnischer Identitäten im internationalen Staatensystem. Muslime unter chinesischen Herrschaft, Frankfurt am Main.

Hickey, Dennis/Guo, Baogang (Hrsg.) (2010): Dancing with the dragon – China's Emergence in the developing world, Plymouth: Lexington Books.

Human Rights Watch (2007): Usbekistan – Folter tief im Strafjustizsystem verwurzelt. Online im Internet unter: http://www.hrw.org/de/news/2007/11/06/usbekistan-folter-tief-im-strafjustizsystem-verwurzelt (13.01.2011).

Human Rights Watch (2008): Kasachstan: OSZE-Verpflichtungen müssen erfüllt werden. Online im Internet unter: http://www.hrw.org/de/news/2008/12/01/kasachstan-osze-verpflichtungen-m-ssen-erf-llt-werden (12.08.2010).

Human Rights Watch (2009): Human Rights Watch Concerns and Recommendations on Turkmenistan. Online im Internet unter: http://www.hrw.org/en/news/2009/05/04/human-rights-watch-concerns-and-recommenda tions-turkmenistan (26.08.2010).

Human Rights Watch (2010): Human Rights Watch Letter to the EBRD in Advance of its Review of Turkmenistan. Online im Internet unter: http://www.hrw.org/en/news/2010/03/01/turkmenistan-human-rights-watch-letter-ebrd-advance-its-review-turkmenistan (26.08.2010).

Humboldt, Alexander von (1844): Untersuchungen über die Gebirgsketten und die vergleichende Klimatologie, Berlin: Verlag Carl J. Klemann.

Hurni, Hans/Wiesmann, Urs/Zoss, Marc (Hrsg.) (2002): Analyse von Entwicklung und Umwelt im zentralasiatischen Raum. Geographisches Institut der Universität Bern: Seminar zu Entwicklungsfragen. Online im Internet unter: http://www.cde.unibe.ch/University/pdf/Seminarbericht_2002_Zentralasien.pdf (14.06.2011).

Information Office of the State Council of the People's Republic of China (2008): China's National Defense in 2008. Online im Internet unter: http://www.fas.org/programs/ssp/nukes/2008DefenseWhitePaper_Jan2009.pdf (28.07.2010).

Initiative and Referendum Institute Asia (2006): Tajikistan. Online im Internet unter: http://www.iri-asia.net/?mod=Research&page=Legislation&region=Central%20Asia (25.08.2010).

INOGATE (o.J.): Inogate Projects. Online im Internet unter: http://www.inogate.org/index.php?option=com_inogate&view=projects&Itemid=75&lang=en (17.05.2011)

Inomjonov, Khurshidbek (2005): Die Außenpolitik der Republik Usbekistan im Spannungsfeld von Staatsbildung und regionaler Entwicklung. Online im Internet unter: http://geb.uni-giessen.de/geb/volltexte/2006/2655/pdf/InomjonovKhurshidbek-2005-09-26.pdf (29.12.2010).

International Advisory Committee (2002): Cotton: World Statistics. Online im Internet unter: http://www.icac.org/cotton_info/publications/samples/stats_ws/cott_stats_sept_02.pdf (18.08.2010).

International Crisis Group (2005): The curse of cotton – Central Asia's destructive monoculture, in: Asia Report No. 93. Online im Internet unter: http://www.crisisgroup.org/en/regions/asia/central-asia/093-the-curse-of-cotton-central-asias-destructive-monoculture.aspx (14.06.2011).

Internationale Weiterbildung und Entwicklung GmbH (2010): Usbekistan – Gesellschaft, Kultur und Religion. Online im Internet unter: http://liportal.inwent.org/usbekistan/gesellschaft.html (29.12.2010).

International Institute for Strategic Studies (2010): The Shangri-La Dialogue, Second Plenary Session. Online im Internet unter: http://www.iiss.org/conferences/the-shangri-la-dialogue/shangri-la-dialogue-2010/plenary-session-speeches/second-plenary-session/ma-xiaotian/ (28.07.2010).

International Trade Centre (2010): Trade Map. Online im Internet unter: http://www.trademap.org/ (04.08.2010).

ISAF (2010): Facts and Figures: Troop Contributing Nations. Online im Internet unter: http://www.nato.int/isaf/docu/epub/pdf/placemat.pdf (21.07.2010).

Jarosiewicz, Aleksandra/Strachota, Krzysztof (2009): The new Great Game – a breakthrough?, in: Centre for Eastern Studies: CES Commentary, Issues 26, S. 1-7.

Kaukenow, Adil (2009): Fortschritte in Zeiten der Krise – Chinas wachsender wirtschaftlicher Einfluss in Kasachstan, in: Zentralasien Analysen Nr. 22, S. 2-8. Online im Internet unter: http://www.laender-analysen.de/zentralasien/pdf/ZentralasienAnalysen22.pdf (15.12.2010).

Kaznex (2009): Kasachstan and China. Online im Internet unter: http://www.kaznex.kz/en/napr/export/k_c.php (27.07.2010).

Kembayev, Zhenis (2006): Legal Aspects of Regional Integration in Central Asia, in: Zeitschrift für ausländisches öffentliches Recht und Völkerrecht, No. 66, S 967-983.

Khanna, Parag (2009): The Second World – How emerging powers are redefining global competition in the twenty-first century, New York: Random House.

Kipling, Rudyard (1901): Kim, London: Macmillan.

Klevemann, Lutz (2002): Der Kampf um das heilige Feuer, Berlin: Rowohlt.

Kraudzun, Tobias/Nötzel, Ellen/Schulte, Yulia/Schulte, Michael (2009): Unabhängigkeit von oben - Eine vorläufige Bilanz der postsowjetischen Systemtransformation in Zentralasien, in: Informationszentrum Dritte Welt: Alte Zeiten, neue Zeiten – Zentralasien postsowjetisch, Nr. 314, S. 16-20.

Kreml Archiv (2003): The opening of the military base in Kant is a necessary and timely event, as despite the stability of the military and political situation in Central Asia, the danger of terrorist attacks from the outside remains. Online im Internet unter: http://archive.kremlin.ru/eng/text/themes/2003/10/232012_54511.shtml (06.01.2011).

Kreml Archiv (2006): Transcript of the Press Conference for the Russian and Foreign Media. Online im Internet unter: http://archive.kremlin.ru/eng/speeches/2006/01/31/0953_type82915type82917_100901.shtml (06.01.2011).

Kreml Archiv (2009): Responses to Journalists' Questions following the Cooperation 2009 Large-Scale Complex Rapid Reaction Force Exercises. Online im Internet unter: http://archive.kremlin.ru/eng/speeches/2009/10/16/1917_type82915_222209.shtml (06.01.2011).

Kreikemeyer, Anna/Zellner, Wolfgang (Hrsg.) (2007): The Quandaries of Promoting Democracy in Central Asia: Experiences and Perspectives from Europe and the USA, in: Centre for OSCE Research, Working Paper 18.

Krickus, David (2010): Warum Russland in Afghanistan mit dem Westen kooperiert, in: Russland Analysen Nr. 203 , S. 10-13. Online im Internet unter: http://www.laender-analysen.de/russland/pdf/Russlandanalysen203.pdf (06.01.2011).

Kubicek, Paul (1997): Regionalism, nationalism and Realpolitik in central Asia. In: Europe- Asia Studies Vol. 49, No. 4, S. 637-655.

Lanteigne, Marc (2011): Chinas Anti-Terror-Strategien in Zentralasien. Die Rolle der Shanghai-Gruppe. In: WeltTrends Nr. 76, S. 53-61.

Laruelle, Marlène (2008): Russia's Central Asia policy and the role of Russian nationalism, Washington/D.C.: Central Asia-Caucasus Institute.

Legislation Online (2011): Конституция Туркменистана (Constitution of the Republic of Turkmenistan). Online im Internet unter: http://www.legislationline.org/ru/documents/section/constitutions/country/51 (13.01.2011).

Lewytzkyj, Borys (1970): Die ‚Innersowjetische Arbeitsteilung' – Territorialprinzip und Branchenprinzip im Wirtschaftsaufbau der UdSSR, in: Osteuropa 05/1970, S. 328-333.

Linn, Johannes F. (2007): Central Asia – National Interests and Regional Prospects, in: China and Eurasia Forum Quarterly, Vol. 5, No. 3, S. 5-12.

List, Dörthe (2004): Regionale Kooperation in Zentralasien – Hindernisse und Möglichkeiten. Online im Internet unter: http://geb.uni-giessen.de/geb/volltexte/2005/2206/pdf/ListDoerthe-2004-11-11.pdf (19.07.2010).

Loimeier, Roman (2001): Edward Said und der Deutschsprachige Orientalismus: Eine Kritische Würdigung, in: Stichproben. Wiener Zeitschrift für kritische Afrikastudien 2/2001, Jg. 1. Online im Internet unter: http://www.univie.ac.at/ecco/stichproben/Nr2_Loimeier.pdf (06.01.2011).

Lüders, Michael (2003): Macht und Glauben in Zentralasien, in: Bundeszentrale für Politische Bildung (2003): Aus Politik und Zeitgeschichte 37/2003.

MacFarlane, Neil (2004): The United States and Regionalism in Central Asia. In: International Affairs, Vol. 80, No. 3, S. 447-461.

Magen, Zvi/Bagno-Moldavsky, Olena (2010): The Big Game: The Great Powers in Central Asia and the Caucasus, in: Strategic Assessment, Vol. 12, No. 4, S. 115-126.

Malek, Martin: Theroie und Praxis der Geopolitik im postsowjetischen Russland, in: Andrea K. Riemer (Hrsg.) (2008): Geopolitik der Großen Mächte, Wien: Landesverteidigungsakademie.

Mangold, Sabine (2004): Eine „weltbürgerliche Wissenschaft" – Die deutsche Orientalistik im 19. Jahrhundert, Stuttgart: Steiner.

Marat, Erica (2011): Zwischen Shanghai und Moskau. Ein Spannungsfeld der SCO, in: WeltTrends Nr. 76, S. 62-68.

Mark, Rudolf A. (2011): Das deutsche Reich und Russich-Turkestan 1871-1914, unveröffentlichte Habilitation, Lüneburg.

Matveeva, Anna (1999): Democratization, legitimacy and political change in Central Asia, in: International Affairs, Vol. 75, No. 1, S. 23-45.

Matveeva, Anna (2007): Traditionen, Kalküle, Funktionen, in: Osteuropa, 57. Jg., Nr. 8-9, S. 277-294.

Medwedew, Dmitry (2008): The Foreign Policy Concept of the Russian Federation. Online im Internet unter: http://archive.kremlin.ru/eng/text/docs/2008/07/204750.shtml (31.12.2010).

Meier, Max Georg (2010): Kasachstan, in: Hans Seidel Stiftung – Institut für internationale Begegnung und Zusammenarbeit: Quartalsbericht April-Juni 2010.

von Mende, Gerhard (1938): Die Völker der Sowjetunion, Reichenau: Schneider.

Menon, Rajan (2007): Introduction – Central Asia in the twenty-first century, in: Rumer, Eugene/Trenin, Dmitri/Zhao, Huasheng (2007): Central Asia – Views from Washington, Moscow and Beijing, Armonk and New York: Sharpe, S. 3-17.

Mihalka, Michael (2007): Not much of a game – Security Dynamics in Central Asia, in: China and Eurasia Forum Quarterly, Volume 5, No. 2, S. 21-39.

Ministry of Foreign Affairs of the People's Republic of China (2003): Table on Dates of Signing and Effective Dates of Bilateral Judicial Assistance Treaties.

Meister, Stefan (2010): Zentralasien - Eine Region von strategischer Bedeutung zwischen Russland, China und der Europäischen Union. Online im Internet unter: http://aussenpolitik.net/themen/eurasien/zentralasien/zentralasien-eine_region_von_strategischer_bedeutung_zwischen_russland-china_und_der_europaischen_union/ (01.02.2011).

Ministry of Foreign Affairs of the People's Republic of China (2003): Table on Dates of Signing and Effective Dates of Bilateral Judicial Assistance Treaties. Online im Internet unter: http://www.fmprc.gov.cn/eng/wjb/zzjg/tyfls/tyfl/2631/t39537.htm (17.08.2010).

Ministry of Foreign Affairs of the People's Republic of China (2005): China and Kazakhstan Decide to Establish and Develop Strategic Partnership. Online im Internet unter: http://www.fmprc.gov.cn/eng/wjdt/2649/t202457.htm (28.07.2010).

Muzalevsky, Roman (2009): CSTO Rapid Reaction Force reveals Russia's Security Priorities, in: Central Asia-Caucasus Institute Analyst. Online im Internet unter: http://www.cacianalyst.org/?q=node/5055_(21.07.2010).

NATO (2002): Press Release: Declaration by Heads of State and Government of NATO Member States and the Russian Federation. Online im Internet unter: http://www.nato.int/docu/basictxt/b020528e.htm (21.07.2010).

NATO (2004): NATO Basic texts: NATO-Russia Action Plan on Terrorism. Online im Internet unter: http://www.nato.int/docu/basictxt/b041209a-e.htm (21.07.2010).

Neues Deutschland (2010): Hilfe für Kirgistan lief an. UNO-Flüchtlingskommissar nennt die Unruhen ‚Tragödie', in: Neues Deutschland. Online im Internet unter: http://www.ag-friedensforschung.de/regionen/Kirgistan/hilfe.html (22.12.2010).

News Central Asia (2008): The Constitution of Turkmenistan. Online im Internet unter: http://www.legislationline.org/documents/section/constitutions/country/51 (26.08.2010).

Noows Nachrichten (2010): Kirgistan: OVKS entsendet Spezialkräfte. Online im Internet unter: http://www.noows.de/kirigistan-ovks-entsendet-spezialkraefte-19232 (27.07.2010).

NRCU (2009): Arbeitsmigration: 3,5 Millionen ukrainische Gastarbeiter in Russland in 2008 tätig. Online im Internet unter: http://www.nrcu.gov.ua/index.php?id=475&listid=84796 (18.08.2010).

NZZ Online (2010): Kirgistan mit neuer Regierung, NZZ Online vom 17.12.2010. Online im Internet unter: http://www.nzz.ch/nachrichten/politik/international/kirgistan_regierung_1.8724240.html (06.01.2011).

OSCE/Office for Democratic Institutions and Human Rights (2007): Republic of Tajikistan – Presidential Election 6 November 2006 – OSCE/ODIHR Election Observation Mission Report, Warschau: OSCE.

Overland, Indra/Kjaernet, Heidi/Kendall-Taylor, Andrea (2010): Caspian Energy Politics, London and New York: Routledge.

Panfilova, Victoria (30.06.2004): Usbekistan zarabotal na sammite SCO pochti 4 Milliarda dollarov. Kitay nachal prodvizhenie v glub' Zentralnoy Azii, in: Nezavisimaja Gazeta., http://www.ng.ru/cis/2004-06-30/5_shos.html (17.4.2011).

Peyrouse, Sébastien (2007): Nationhood and the minority question in Central Asia. The Russians in Kazakhstan. In: Europe-Asia Studies, Vol. 59, Nr. 3, S. 481-501.

Pöllath, Ferdinand (2007): Chinas wachsender Öl-Bedarf – Geopolitische und wirtschaftliche Konsequenzen für das Reich der Mitte und die Welt, Hamburg: Diplomica GmbH.

Pradetto, August/Weckmüller, Carola (2004): Präsidenten in postkommunistischen Ländern – Ein Handbuch, Frankfurt am Main: Europäischer Verlag der Wissenschaften.

Rat der Europäischen Union (2007): European Union and Central Asia – Strategy for a new partnership, Ratsdokument 26/2007. Online im Internet unter: http://www.consilium.europa.eu/uedocs/cmsUpload/EU_CtrlAsia_EN-RU.pdf (27.01.2011).

Rat der Europäischen Union (2010): Beziehungen zu Zentralasien – Entwurf eines Gemeinsamen Fortschrittsberichts des Rates und der Europäischen Kommission an den Europäischen Rat über die Umsetzung der EU-Strategie für Zentralasien. Online im Internet unter: http://register.consilium.europa.eu/pdf/de/10/st10/st10267.de10.pdf (17.08.2010).

RIA Novosti (2005): US-Truppen räumen Stützpunkt in Usbekistan – Werden die USA einen Ersatz für Chanabad finden? Online im Internet unter: http://de.rian.ru/comments_interviews/20050929/41547002.html (12.08.2010).

RIA Novosti (2009a): CSTO's rapid-reaction force to equal NATO's – Medvedev. Online im Internet unter: http://en.rian.ru/russia/20090204/119984654.html (21.07.2010).

RIA Novosti (2009b): Weißbuch 2008: Chinas Militärpolitik auf Defensive eingestellt. Online im Internet unter: http://de.rian.ru/world/20090120/119710932.html (28.07.2010).

RIA Novosti (2010a): Usbekistan verzögert Transitlieferungen für ISAF-Kräfte in Afghanistan. Online im Internet unter: http://de.rian.ru/postsowjetischen/20100526/126460178.html (21.07.2010).

RIA Novosti (2010b): Kirgistan: Krisenherd offenbart OVKS-Dilemma. Online im Internet unter: http://de.rian.ru/analysis/20100623/126832263.html (27.07.2010).

RIA Novosti (2010c): Moskau bietet UNO Unterstützung von OVKS und SOZ bei Drogenbekämpfung in Afghanistan an. Online im Internet unter: http://de.rian.ru/society/20100319/125540960.html (27.07.2010).

RIA Novosti (2010d): USA zu Verhandlungen mit Kirgisien über Stützpunkt Manas ‚jederzeit bereit' – Vizeaußenamtschef. Online im Internet unter: http://de.rian.ru/world/20100413/125879890.html (12.08.2010).

Robert, Sean R. (2007): The Roberts Report on Central Asia und Kazakhstan. Analysis on the Political Economy of Greater Central Asia. Online im Internet unter: http://roberts-report.blogspot.com/2007_01_01_archive.html (17.04.2011).

Rotberg, Robert I. (2007): The failure and collapse of nation states, in: Beisheim, Marianne/ Schuppert, Gunnar Folke (Hrsg.): Staatszerfall und Governance, Baden-Baden: Nomos, S. 59-97.

Russisches Statistik-Amt (2009): Russia in figures. Online im Internet unter: http://www.gks.ru/bgd/regl/b09_12/IssWWW.exe/stg/d02/26-06.htm (19.07.2010).

Russland-Aktuell (2003): Nursultan Nasarbajew – Der Sultan Kasachstans. Online im Internet unter: http://www.aktuell.ru/russland/who_is_who/nursultan_nasarbajew_der_sultan_kasachstans_43.html (12.08.2010).

Russland-Aktuell (2008): Nursultan Abischewitsch Nasarbajew. Online im Internet unter: http://www.aktuell.ru/russland/menschen/lange_biographie/nursultan_abischewitsch_nasarbajew_85.html (12.08.2010).

Russland-Aktuell (2010a): Zweischneidig – UNO, OVKS und NATO in Afghanistan. Online im Internet unter: http://www.aktuell.ru/russland/politik/zweischneidig_uno_ovks_und_nato_in_afghanistan_3924.html (27.07.2010).

Russland-Aktuell (2010b): Neue russische außenpolitische Doktrin zielt gen Westen. Online im Internet unter: http://www.aktuell.ru/russland/politik/neue_russische_aussenpolitische_doktrin_zielt_gen_westen_3952.html (20.07.2010).

Sadyrbek, Mahabat (2009): Die Zentralasienstrategie der EU – Neues ‚Great Game' oder neue Chance für die Region?, Hamburg: Verlag Dr. Kovać.

Schatz, Edward (2006): Access by Accident: Legitimacy Claims and Democracy Promotion in Authoritarian Central Asia, in: International Political Science Review (2006), Vol. 27, No. 3, S. 263-284.

Schiff, Maurice/Winters, Alan L. (2002): Regional Cooperation and the Role of International Organizations and Regional Integration, World Bank Policy Research Working Paper No. 2872. Online im Internet unter: http://ssrn.com/abstract=636236 (29.12.2010).

Schlichte, Klaus (2005): Gibt es überhaupt „Staatszerfall"? Anmerkungen zu einer ausufernden Debatte, in: Berliner Debatte Initial, Nr. 4/2005, S. 74-84.

Schmitz, Andrea/Halbach, Uwe (2009): Planspiele am Hindukusch, in: Stiftung Wissenschaft und Politik (2009): SWP Aktuell 10.

Schneider, Jörg/Hannemann, Christian (2007): Die neue Zentralasien-Strategie der EU, in: Deutscher Bundestag (2007): Wissenschaftliche Dienste. Online im Internet unter: http://www.bundestag.de/dokumente/analysen/2007/Die_neue_Zentralasien-Strategie_der_EU.pdf (12.08.2010).

Scholvin, Sören (2009): Neues Great Game um Zentralasien? In: GIGA Focus 2009, Nr. 2.

Schröder, Hans-Henning (2008): Russland und der Kaukasuskrieg, in: Pleines, Heiko/ Schröder, Hans-Henning (Hrsg.) (2008): Der bewaffnete Konflikt um Südossetien und internationale Reaktionen, Bremen: Forschungsstelle Osteuropa an der Universität Bremen.

Shanghai Cooperation Organisation (2008): Dushanbe Declaration of the Heads of the Member States of the Shanghai Cooperation Organisation. Online im Internet unter: http://www.sectsco.org/EN/show.asp?id=90 (26.08.2010).

Shiryayev, Boris (2008): Großmächte auf dem Weg zur neuen Konfrontation, Hamburg: Verlag Dr. Kovač.

Sidikov, Bakhodir (2003): Eine unermessliche Region, Berlin: Logos-Verlag.

Simon, G./Simon, N.: Verfall und Untergang des sowjetischen Imperiums. Deutscher Taschenbuch Verlag. München 1993, S. 175 ff.

Sokov, Nikolai (2005): The Not-So-Great Game in Central Asia, in: PONARS Policy Memo No. 403, Monterey Institute of International Studies December 2005.

Spechler, Martin (2010): Russia and the Central Asian Economies – From Colonial Subordination to Normal Trade, in: Russian Analytical Digest Nr. 71, S. 2-9.

Spiegel Online (2009): Uiguren: Terrorismus-Vorwürfe. Online im Internet unter: http://www.spiegel.de/politik/ausland/0,1518,634790,00.html (28.07.2010).

Spuler, Bertold (1941): Idel-Ural – Völker und Staaten zwischen Wolga und Ural, Berlin: O. Stollberg.

Steinel, Anna (2008): Power, structures and norms: determinants and patterns of NATO-Russia relations since 1997, Berlin: Pro Business.

Subcommittee on Asia, the Pacific and the Global Environment (2008): Central Asia – an overview, Committee of Foreign Affairs, US House of Representatives, 110th Congress, 2nd Session, April 8, 2008. Online im Internet unter: http://www.hcfa.house.gov/110/41754.pdf (12.08.2010).

Sueddeutsche Zeitung (2008): Nato darf Isaf-Truppen über Russland versorgen. Online im Internet unter: http://www.sueddeutsche.de/politik/transit-nach-afghanistan-nato-darf-isaf-truppen-ueber-russland-versorgen-1.259297 (21.07.2010).

Sultanow, Bulat (2007): Redebeitrag beim 137. Bergedorfer Gesprächskreis: Europäische Politik in Zentralasien, Astana 4.-6. Mai 2007. Online im Internet unter: http://www.koerber-stiftung.de/fileadmin/user_upload/internationale_politik/bergedorder_gespraechskreis/pdf/2007/bnd_137_de_text.pdf (14.06.2011)

Sun, Zhuangzhi (2004): New and Old Regionalism: The Shanghai Cooperation Organization and Sino-Central Asian Relations, in: The Review of International Affairs, Vol. 3, No. 4, S. 600-612.

Schwabecher, Heinrich (2008): Russland – Ein zuverlässiger Energiepartner Europas?, in: KAS-Auslands-informationen, S. 39. Online im Internet unter: http://www.kas.de/wf/doc/kas_13284-54 4-1-30.pdf?080402155227 (16.3.2011)

Tagesschau.de (2010): Schwere Unruhen in Kirgistan – Ban richtet Spendenappell an UN-Länder. Online im Internet unter: http://www.tagesschau.de/ausland/kirgistan364.html (22.12.2010).

Die Tageszeitung (2010): Kasachstan steht unter Beobachtung. Online im Internet unter: http://www.taz.de/1/politik/asien/artikel/1/kasachstan-steht-unter-beobachtung/ (12.08.2010).

Telegraph (2010): Russia plans second military base in Kyrgyzstan. Online im Internet unter: http://www.telegraph.co.uk/news/worldnews/asia/kyrgyzstan/7852226/Russia-plans-second-military-base-in-Kyrgyzstan.html (22.07.2010).

Tolipov, Farkhod (2009): CSTO – Collective Security or Collective Confusion?, in: Central Asian Caucasus Institute Analyst 09.01.2009.

Torjesen, Stina (2007): Understanding regional co-operation in Central Asia 1991–2004, University of Oxford. Online im Internet unter:

http://english.nupi.no/Publications/Books-and-reports/2008/Understanding-regional-co-operation-in-Central-Asia-1991-2004 (14.06.2011)

Trade and Investment Division (2001): Accession to the World Trade Organization - Issues and Recommendations for Central Asian and Caucasian Economies in Transition, United Nations UNESCAP: Studies in Trade and Investment No. 48. Online im Internet unter: http://www.unescap.org/publications/detail.asp?id=539 (06.10.2010).

Transit Centre at Manas (2010): Inside Manas – Fact Sheet. Online im Internet unter: http://www.manas.afcent.af.mil/library/factsheets/factsheet.asp?id=12682 (12.08.2010).

Trenin, Dimitri (2002): Russland und die neue Weltordnung. Eine Moskauer Sicht, in: Internationale Politik, Vol. 57, No. 10, S. 12-18.

Umarov, Khojamakhmad (2007): Tajikistan, in: Starr, Frederick S. (ed.): The New Silk Roads Transport and Trade in Greater Central Asia, Central Asia-Caucasus Institute Silk Road Studies Program. Online im Internet unter: http://www.silkroadstudies.org/new/inside/publications/GCA.html (06.10.2010).

Umid World (o.J.): Uzbekistan – Constitution. Online im Internet unter: http://mansurovs.com/Umid/Main/Uzbekistan/Constitution/constitution.html#Part%20One (13.01.2011).

United Nations Comtrade (2010): Shortcut Query. Online im Internet unter: www.comtrade.un.org (06.01.2011).

United Nations Development Programme (2008): Education in Uzbekistan – Matching Supply and Demand, Tashkent: UNDP.

United Nations Development Programme (2009): Human Development Report 2009, New York: Palgrave MacMillan.

United Nations Development Programme (2010): Human Development Index – 2010 Rankings. Online im Internet unter: http://hdr.undp.org/en/statistics/ (05.01.2011).

United Nations Economic and Social Division for Asia and the Pacific (2009): Trans-Asian Railway Network. Online im Internet unter: http://www.unescap.org/ttdw/common/TIS/TAR/images/tarmap_latest.jpg (06.01.2011).

United Nations Office on Drugs and Crimes (2011): UNODC in Central Asia. Online im Internet unter: http://www.unodc.org/centralasia/en/unodc-in-central-asia.html (18.05.2011).

United Nations Public Administration Network (o.J.a): Constitution of the Republic of Tajikistan – Dushanbe 1994. Online im Internet unter: http://unpan1.un.org/intradoc/groups/public/documents/untc/unpan003670.htm (13.01.2011).

United Nations Public Administration Network (o.J.b): Constitution of the Kyrgyz Republic. Online im Internet unter: http://unpan1.un.org/intradoc/groups/public/documents/untc/unpan003682.htm (13.01.2011).

United Nations Regional Centre for Preventive Diplomacy for Central Asia (o.J.). Online im Internet unter: http://unrcca.unmissions.org/Default.aspx?tabid=1982 (18.05.2011).

United Nations Statistics Division (2005): Indicators on illiteracy. Online im Internet unter: http://unstats.un.org/unsd/demographic/products/socind/illiteracy.htm (26.08.2010).

United States Government Accountability Office (2009): Democracy assistance – U.S. agencies take steps to coordinate international programs but lack information on some U.S.-funded activities : report to Congressional committees, Washington D.C.: GAO. Online im Internet unter: http://www.gao.gov/new.items/d09993.pdf (14.06.2011).

Wacker, Gudrun (2007): Neue alte Nachbarn. China und Zentralasien. In: Osteuropa , 57. Jg., 8-9/2007: Machtmosaik Zentralasien. Traditionen, Restriktionen, Aspirationen, S. 312-325.

Wæver, Ole (1995): Danish dilemmas – foreign policy choices for the 21st century, Kopenhagen: Centre for Peace and Conflict Resolution.

Warkotsch, Alexander (2006): Die Zentralasienpolitik der Europäischen Region. Interessen, Strukturen und Reformoptionen, Frankfurt/Main.

Warkotsch, Alexander (2006): Russlands Rolle in Zentralasien, in: Aus Politik und Zeitgeschichte 4/2006, S. 19-25.

Weber, Max (1972): Wirtschaft und Gesellschaft – Grundriß der verstehenden Soziologie. Besorgt von Johannes Winckelmann, Studienausgabe, 5. revidierte Auflage, Tübingen: Mohr (Erstausgabe: 1922).

Weitz, Richard (2006): Averting a New Great Game in Central Asia, in: The Washington Quarterly, Vol. 29, No. 3, S. 155–167.

Weltbank (2010a): Data – GDP (Current US$). Online im Internet unter: http://data.worldbank.org/indicator/NY.GDP.MKTP.CD/countries/latest?display=default (28.12.2010).

Weltbank (2010b): Data – Poverty Headcount ratio at 2$ a day (PPP) (% of population). Online im Internet unter: http://data.worldbank.org/indicator/SI.POV.2DAY (28.12.2010).

Weltbank (2010c): Data – GDP Growth (annual %). Online im Internet unter: http://data.worldbank.org/indicator/NY.GDP.MKTP.KD.ZG?display=default (28.12.2010).

Weltbank (2010d): Foreign Direct Investment. Online im Internet unter: http://data.worldbank.org/indicator/BX.KLT.DINV.CD.WD/countries/1W?display=graph (11.01.2011).

Wikipedia (2010): List of Russian Military Bases in the post-Soviet space. Online im Internet unter: http://en.wikipedia.org/wiki/List_of_Russian_military_bases (11.08.2010).

Winogradow, Jegor (2009): Kritik an der Lage von Arbeitsmigranten in Russland, in: Deutsche Welle: Fokus Süd-Ost. Online im Internet unter: http://www.dw-world.de/dw/article/0,,4023918,00.html (24.08.2010).

Wipperführth, Christian (2007): Russland und seine GUS-Nachbarn. Hintergründe, aktuelle Entwicklungen und Konflikte in einer ressourcenreichen Region, Stuttgart: Ibidem.

Wipperfürth, Christian (2008): Russland – Zentralasien – Afghanistan – ein Beziehungsgeflecht, in: DIAS-Analyse Nr. 33. Online im Internet unter: http://www.dias-online.org/fileadmin/templates/downloads/DIAS_Analysen/Analyse33.pdf (22.12.2010).

Wipperfürth, Christian (2010): Nach dem ‚Reset' – Russland und der Westen in Zentralasien, in: Zentralasien Analysen Nr. 33, S. 2-5. Online im Internet unter: http://www.laender-analysen.de/zentralasien/pdf/ZentralasienAnalysen33.pdf (15.12.2010).

Wu, Kang (2007): China's Energy Interests and Quest for Energy Security, in: Davis, Elizabeth Van Wie/Azizian, Rouben (2007): Islam, Oil, and Geopolitics. Central Asia after September 11, Plymouth: Rowman & Littlefield Publishers, S. 123-144.

Zentralasien Analysen Nr. 22 (2009): http://www.laender-analysen.de/zentralasien/pdf/ZentralasienAnalysen22.pdf. (16.3.2011).

Zentralasien Analysen Nr. 33 (2010). Online im Internet unter: http://www.laender-analysen.de/zentralasien/pdf/ZentralasienAnalysen 33.pdf (15.12.2010).

Zhao, Huasheng (2007): China and Central Asia, in: Rumer, Eugene/ Trenin, Dmitri/ Zhao, Huasheng (2007): Central Asia – Views from Washington, Moscow, and Beijing, Armonk, London: ME Sharpe.

Zimmer, Kerstin (2007): Arbeitsmigration und demographische Krise, in: Ukraine Analysen Nr. 20, S. 2-8. Online im Internet unter: http://www.laender-analysen.de/ukraine/pdf/UkraineAnalysen20.pdf (06.01.2011).

Strategische Kultur Europas

Herausgegeben von August Pradetto

Band 1 August Pradetto (Hrsg.): Sicherheit und Verteidigung nach dem 11. September 2001. Akteure – Strategien – Handlungsmuster. 2004.

Band 2 August Pradetto (Hrsg.): Die zweite Runde der NATO-Osterweiterung. Zwischen postbipolarem Institutionalismus und offensivem Realismus. 2004.

Band 3 August Pradetto / Carola Weckmüller: Präsidenten in postkommunistischen Ländern. Ein Handbuch. 2004.

Band 4 Peter Schubert: Albanische Identitätssuche im Spannungsfeld zwischen nationaler Eigenstaatlichkeit und europäischer Integration. 2005.

Band 5 August Pradetto: Intervention, Regimewechsel, erzwungene Migration. Die Fälle Kosovo, Afghanistan und Irak. 2008.

Band 6 Berit Bliesemann de Guevara: Staatlichkeit in Zeiten des Statebuilding. Intervention und Herrschaft in Bosnien und Herzegowina. 2009.

Band 7 Jarek Nikolaus Korczynski: Machterosion im „Hinterhof". Die USA und Lateinamerika in der Amtszeit von George W. Bush. 2011.

Band 8 Christian Becker: Die Shanghaier Organisation für Zusammenarbeit. Grenzen und Möglichkeiten der Kooperation autoritärer politischer Systeme. 2011.

Band 9 August Pradetto: Zentralasien und die Weltmächte, oder: *Great Game Boys* auf Reisen. 2012.

www.peterlang.de